JN438297

마음의 기다림

마음의 기다림

| 자은 이 세 송 시집 |

도서출판 천우

시인의 말

새 생명의 우렁찬 움 솟는 소리가 가득한 4월
막상 첫 시집을 내려 하니 부족함만 가득하고
시인(詩人)으로서 지혜로운 삶을 살아가는 사람들에
소중한 인연이 될 수 있는 글을 전할 수 있을까
하는 염려가 앞에 놓입니다.
시(詩)를 쓴다는 것,
가깝고 먼 모든 벗들을 시상에 두고
벗들을 표현하여 나간다는 것이
참으로 어렵고 힘들게 느껴집니다.
그들의 아름다운 모습에
혹여나 흠집이라도 내지 않을까
하는 염려도 가득합니다.
그러나 현세를 살아가는 우리들의 마음에
진실의 나무를 심고
희망에 열매를 맺어서
미래의 행복을 결실하는 그런 감성으로
글을 정성껏 다듬어서 잡초를 뽑아내는
어여쁜 시골 아낙의 손길 같은
그런 글을 쓰고자 노력하려 합니다.
많은 자리가 닫혀 있습니다.
그렇다고 그냥 닫혀진 채 방관만 할 수도 없습니다.

이 책을 대하시는 모든 분들은
잠시 마음의 닫힘을 열어 주시고
부족한 글이나마 관심 깊게 읽으셔서
잠시라도 마음이 훈훈하여지고
맑고 향기로움이 가득한 여유를
넘기시는 종이마다 그 다른 맛을 느껴 가셨으면
하는 바램을 작으나마 소망하여 봅니다.
바쁘신 가운데도 해설을 맡아주신 이수화 선생님과
도서출판 천우의 김천우 사장님,
그리고 이 책이 나오기까지 수고하신 많은 분들께
고마운 마음을 전하고자 합니다.
고맙습니다.
감사합니다.
사랑합니다.

2017년 4월

자은 이세송

제1부

새벽 산사

● 시인의 말

제2부

무상

제3부

욕심 없는 아름다움

제4부

기도

제5부

하루를 열어가는 아침기도

제1부

새벽 산사

새벽 1

아직 어둠의 벽이 높게 세워진 시간
습관적 일어나 새벽을 덧칠하듯
꿈틀거리는 몸짓이
꿈으로 치닫던
지난밤에 아련한 소망을 덮어버린다
무거운 육신이 빈 공간 속에서
간간이 품어지는 하품으로
조용하던 자리를
촘촘하게 메워간다

밖에서 들리는 이름 모를 벌레들이
잔잔한 소리 물결을 출렁이며
새벽을 맞이하는
그들만의 몫으로 합창을 한다
멀어져 가기도 하고
아주 가까워지기도 하며
그들의 그들만의 연민을
때 묻지 않은 새벽 공간에
아름다움으로 담아 놓는다

새벽 2

하루가 서서히 열린다
새벽안개 자욱한 산모퉁이
굽이진 길녘 발걸음 옮겨
이슬방울 영롱한 새벽을 맞이한다

멀리서 희미한 아침 빛 조금씩 열리고
적막의 두려움을 걷어버린
산새들의 치르르 찌륵 합창소리
마음 가득 행복을 담아준다

산속 벗님들의 생명의 숨소리와 함께
코끝을 가볍게 오가는
신선한 바람 속 작은 요정들
영롱한 빛을 반짝이며
살아 있음에 고마움을 나눈다

생명의 손짓을
저 풀잎 이슬방울에 담아
시작의 원천을 알리는
여명의 고운 빛에
일곱 색깔 무지개를 띄워 보낸다

새벽 산사

부스스 산승에 눈이 떠지니
아직 어둠은 산에 머물고
뜰 앞 산사는 고요함을 가득 담고 있다
깊은 적막이 깔려 있는 그곳에
새벽을 여는 산승의 목탁 소리는
또로록 똑 또로록 똑
적막의 어둠을 산산이 부숴 버린다
평화로움이 가득한 산속에
부스스 눈 비비며 산새들이 잠을 깬다
차가운 공기를 한 모금 마시며
새벽을 노래하니
산승의 목마름은
그 소리를 한껏 마셔본다
새벽의 찬 기운이
온몸을 감돌고
하늘 가득한 별빛은
밤하늘에 숨소리 고르며
산승의 목탁 소리는
계곡을 오가는 가운데
산속 식구들의 깊은 잠을 깨운다

저녁노을

조용히 앉아서
저무는 저녁 해를 바라본다
파란 하늘에 걸려 있던 태양은
하루 동안 이글거리다
서서히 서쪽을 향하여 발걸음 재촉하고
하루라는 틀을 벗어 버리고자
파란 하늘 자리에
붉은빛 노을을 토해 놓는다
어느 산길 나그네
외로이 가는 걸음
노을빛 긴 그림자 벗 삼고
살포시 미소 지어 주며
산속 친구들 저녁 준비하라
살며시 고운 손길 드리워 준다
하늘 가득한 솜털구름은
노을빛에 붉게 물들여지고
하루의 긴 여운을 아쉬워하는 태양은
형용의 모습으로 자연 벗들에게
하루 동안 함께하여 줌에
감사의 마음을
바람 돛단배에 실어 전하여 준다
너무도 아름다운

저녁 풍경에 취하며
한동안 깊숙이 담아 두었던
연둣빛 녹차를 꺼내들고
더운 물 부어
저녁노을과 함께
맑은 차 한 잔 나누어 본다

아침

고요한 산사의 아침
아무도 없는 조용한 자리에
잔잔한 물결 같은 바람만
살포시 나의 볼에
입 맞추고 지나간다

어느 가지에 자리한
작은 새 한 마리
아름다운 멜로디를 들려주고
좁은 오솔길 걸음을 옮기는 자리마다
밤새 하늘 요정들이 가지고 놀던
투명한 구슬이 반짝인다

지난 밤 뒤적이던 자리마다
무겁게 누르고 있던 세월의 짐이
새벽길 걸음마다 조금씩 뿌려지고
입가에 살포시 고운 미소가 머물며
여명의 빛에 잠 깬
멀고 가까운 산 그림자는
두 팔을 벌려
포근하게 아침을 안아준다

봄길에서

깊은 산 오솔길 옆
작은 새싹이
반짝이는 봄
아침 햇살 받으며
툭툭 올라와
반갑게 인사합니다
청순하고 순결한 모습으로
새벽 구슬
잎사귀에 가득 물고
따스한 봄바람과 함께
작은 새들
합창 소리에 맞춰
춤을 추며
연초록빛
미소 곱게 머금고
반겨 줍니다

봄소식

기승을 부리던 동장군이
따스한 바람 손님 손을 잡아주니
어느새 봄의 전령이 시간을 밀고
조금씩 넓은 공간을 차지한다
밀리고 밀려가는 외진 자리
추운 자리에 있던 작은 밀알은
부스스 눈 비비며 움터 고개를 들려 하고
앙상한 가지만 남겨졌던 자리도
따스한 빛깔을 맞이하며 새 단장이 바쁘다
떠오르는 태양빛에 갈 길 바쁜 동장군은
쓸쓸한 길손 되어 빈 걸음만 재촉할 뿐
이제 잠 깬 봄날은
고운 미소를 바람에 실어
산과 들 벗님들에게
봄소식을 전하여 준다

사랑하는 마음

사랑하는 마음에는
미움이 없습니다
사랑하는 마음에는
용서도 없습니다
사랑하는 마음에는
아쉬움도 안타까움도 없습니다
사랑하는 마음에는
시기도 질투도 없습니다
사랑하는 마음에는
이별의 아픔도 없습니다
사랑하는 마음에는
믿음의 싹이 자라고
사랑하는 마음에는
희망의 나무가 자라고
사랑하는 마음에는
행복의 열매가 크고 있습니다

들꽃

들녘 양지바른 곳에
홀연히 피어오른 작은 들꽃,
연분홍 고운 얼굴에
고운 모습을 담은 작은 들꽃을 보니
마음이 환하게 웃음 짓는다
얼마 만에 지어보는 마음의 미소인가…
한동안 잊고 살아온 모습에
나도 모르게 콧노래가 나온다
입가에 살며시 머금은 미소,
그리고 들꽃의 아름다움에
한동안 자리를 뜨지 못한 채
들꽃의 마음을 나의 마음에 가득히 담으며,
〃 씨든 상처 자리를
조금씩 어루만져지는 손길을 느끼며
아픈 상처의 느낌을 지워 본다
들꽃은 이렇게 자신의 아름다움으로
나의 상처 자리를 어루만져 주는데
나는 나의 삶의 자리에서 무엇을 어루만져 주며
무엇을 나누어 보았던가
아름다움이 가득 담겨져 있어야 할 마음자리에
쓸 수 없는 아니 자신도 알 수 없는
그런 것들로 가득 차 있는 나의 마음자리

비워도 알 수 없이 채워지는 무형의 것들
그러나 지금 이 자리에는
그 모든 것들이 지워져 버렸다
작은 들꽃의 마음, 그것이 모두 지워 버렸다
저 작은 꽃도 이렇게 비워 주는데…
나는 스스로 나 자신을 돌아보며
시간이라는 틀을 벗어난 자리에서
작은 들꽃과 무한의 시간을 함께하여 본다

기다림 1

강물이 흐른다
세월의 강물…
오늘도 나는 그대를 그리워하며
오기로 한 시간은 없지만
시간의 초침으로 노를 만들어
세월의 강물 위에
기다림의 작은 배를 띄워본다
그대가 올지도 모를
그 자리에서
내가 미리 와 있는
이곳에서
시간이라는 배를 띄우고
그대가 오기만을 기다려 본다
그리움에 시간은
어느덧 사랑이라는 꽃을 피우고
사랑의 꽃송이에
나의 마음 가득 담긴
고운 향기를 바람에 실어서
그대 창가에 보내고
나는 오늘도 변함없이
나의 기다림을
나의 사랑의 기다림을
세월의 강물에 띄워본다

기다림 2

풀잎에 맺혀진 아침이슬같이
고운 향기를 전하는 들꽃같이
아무것도 바라지 않는
비워진 마음으로 살아가고
순수한 마음으로 사랑할 수 있는
그런 사람이 곁에 함께 있다면
잠시 힘들고 어렵더라도
쉬어가는 포근한 자리 있어
얼마나 좋을까
인생이라는
나그네 소풍 길
삶에 생각이 이따금
내 머릿속을 스치며
아름다운 당신이
그리움 속에 담겨 다가옵니다
세월의 흐름 속에
삶의 모습이 어떠하든지 간에
행복에서 멀리 있지 않은
소박하면서 아름답고 정다운 모습
그리운 당신을
오늘도 기다려 봅니다

기다림 3

기다림은 만남을 얘기하고
만남은 나에게 추억이라는
아름다운 향기를 선물합니다
작은 꽃망울이 아름다운 기다림 속에
고운 미소 보이며 날개를 펼칠 때
아름다운 향기 속에
행복한 마음 조용히 담겨 옵니다
인연이라는 소중함이 있었기에
소중한 당신을 알게 되었고
파란 하늘이 뭉게구름을 만들어 가듯
기다림이 있었기에 당신을 향한 나의 진실을
마음 가득히 펼쳐 보일 수 있어 기뻤습니다
기다림과 만남의 시간들
우리는 서로가 고운 바람 배 날리며
깊은 사랑에 진실을 느끼고
그 진실 가운데
오늘도 아름다움으로
꽃잎 날개 노를 저으며
저 높은 창공을 향해
행복의 비상을 합니다
봄날 양지바른 곳에 새싹의 움틈과 같이
당신을 기다리는 마음에는

생명의 소중함이 숨 쉬고
그 숨소리는 오늘도 이렇게
삶이라는 아름다움 가운데
따스한 사랑의 온기를
가득히 품어 볼 수 있어 행복했습니다
당신을 기다리고
또다시 당신을 만날 그 시간을 생각하며
오늘도 당신을 향한 마음을
기다림 가운데
한 줄 종이배를 고웁게 접어
당신이 계신 그곳으로 띄워봅니다

당신이 그립습니다

하루를 바쁘게 달려오던 태양은
피곤한 모습으로 서서히 저물어 가고
조금씩 다가오던 어둠이
어느 사이에 깊게 내려앉습니다
숲속 사이에 작은 풀벌레가
고운 소리로
그리움을 애절하게 노래하면서
그리운 당신의 모습을
나의 가슴에 조금씩 담아 줍니다
당신은 지금 무얼 하실까
나를 생각하며
먼 밤하늘을 바라보고 계시겠지
가득한 별빛 사이로
당신의 모습을 그려 봅니다
어느 사이에 은하수 길이 열리고
별빛 요정들이 고운 배 띄워서
당신의 고운 미소를
사랑에 선물 담아
나에게 전하여 줍니다.
당신의 맑고 아름다운 마음
그대 가슴속 행복의 보자기를
별빛 요정들이

가득히 담아 옵니다
당신의 고운 미소에 그 향기가
밤하늘에 넘쳐 납니다
언제나 해맑은 당신의 모습
이 밤도 별빛 요정들이
당신의 행복의 미소를
나의 마음속 가득히 담아 줍니다

따뜻한 봄날

긴 겨울 깊은 잠에 들어
앙상한 가지만
보여 오던 나무들도
어느새 연두색 옷으로
갈아입으려
조금씩 두꺼운 옷을
벗어 버리기 시작하고
들녘 양지바른 곳에는
따스한 햇살 품에 안긴
쑥이며 민들레 제비꽃
그리고 등 굽은 할미꽃도
꽃망울을 열기 시작한다

살포시 내려앉는
새벽안개와 함께
저 뭉게구름 다리
위를 걸어가듯
숲속 작은 새와
콧노래 연주하며
바람결에 담긴
봄 향기 동무되어
휘리리 휠리
춤을 춘다

차향

조용히 앉아서
맑은 차에
마음을 담아 봅니다
향기가 너무 맑고 곱습니다
차 향기에
잠들려 하던 마음이
비시시 눈을 뜨고
살포시 미소를 던집니다

참 아름다운 시간입니다

함께하는 이
없는 듯 느껴지지만
너무도 많은
차향 벗님들이
한방 가득합니다

벗님들의 마음이
공간에 가득합니다
참 좋은 자리
맑고 향기로운 시간입니다

창밖 하늘 위 뭉게구름 사이로

그대 고운 숨결이 담겨서
보고 싶다고
실바람 따스하게 스쳐 옵니다
그리움 가득 담아서
다 볼 수 있는 것은 아니지만
사랑은 언제나 변함없다고
고운 봉오리 열며
흰 날개 꽃잎 달아서
고운 향기를 바람에 실어서
그대 창가로 날려 보냅니다
사랑의 마음 안에
오늘도 따스한 바람 타고
마음에 포근하게 안겨 옵니다

하늘 바다

높고 푸르다
한껏 마시고 싶다
그 푸른 하늘 바다 자리에
하얀 구름 돛단배 띄우고
마음껏 노 젓고 싶다
저 하늘 바다에 구름 배 띄우고
소풍 가고 싶다
그리고 저 넓은 하늘 바다에
인생이라는 허울 좋은 육신 풍덩 담가
마음껏 헤엄도 치며
얼룩에 자리 씻어 버리고 싶다
살아가는 자리
늘 저 푸른 하늘 바다 같으면
얼마나 좋을까

아름답다는 것

아름답다는 것
생각만 해도
입가에 살포시 미소가 머물고
마음이 따스해 오는 것을
느낄 수 있다
아름답다는 것
생각만 해도
어느새 행복의 물결이
출렁거리고
즐거움이 있으며
은은한 향기가 가득하다
아름답다는 것
생각만 해도
사랑에 마음이 담겨지고
기쁨이 넘쳐난다
아름답다는 것
그곳에는 평화가 있고
삶의 가치가 자리하고 있다
아름답다는 것
그것은 우리의 가장 소중한 보물이며
우리가 꼭 지켜가야 할 자리다

제2부

무상

텅 빈 공간에

홀연히 앉아 잠시 생각에 잠긴다
무념의 자리에 무수히 묻어 살던
추억이라는 잔재가 조금씩 고개를 들고
나의 마음자리에 손을 내밀며
추억의 자리로 떠나보자 한다
참 많이도 묻어 있다
시간이라는 초침에 묻어져서
구석구석 묻어진 것들
지우고 싶은 것과
지우기 싫은 것들…
이렇게 살아 왔던가!
세월의 강에 흘려보냈건만
흘러간 흔적은 없고
모두가 나를 떠나지 않고 묻어 있다니…
눈을 감아 본다
감긴 눈 속에는 희미한 영상이 나타나고
영상 속의 나는 알 수 없는 무수한 흔적에
아니 알면서도 알고 싶지 않은 것에
다시 눈을 감아 버린다

무상

사람들은 말한다
인생이란 어떤 인연이 함께 있다 하여도
결국은 홀로 왔다 홀로 간다고
그러기에 늘 삶의 자리를 잘 다듬고
다듬은 자리를 항상 돌보며
삶에 위안이 될 좋은 반려자와
삶을 다듬어 갈 수행의 도반이 있어야 한다고
살아가면서 많은 부분의 부족함을
서로 어루만져주고
가끔은 경책도 하여 주며
부족한 부분을 일깨워가는
나보다 더 나를 아껴 줄 수 있는
그러한 사람
오늘은 나를 돌아보며
나의 자리에는
과연 그러한 도반이 함께하고 있을까
나에게 묻고 또 물어 본다
평생을 한결같이 서로의 마음을 돌보아 주고
서로가 서로를 진실되이 돌아봐 주며
잠시 다녀가는 세상
영원한 나의 자리를 만들어 가기 위하여
사람의 몸을 받고 사람으로 살아가며

금생에 올바른 마음자리 깨달아
그 마음 그렇게 살다가 무상을 못 이겨
생을 마치더라도
세상 소풍 즐거웠다 말할 수 있기를
그와 함께 보낸 생애가 아깝지 않는
그런 사람을 만나
세상을 걸어가는 것이
인간으로서 가장 행복하고
복된 삶이 아닐까
오늘은 깨어난 영혼이
깨달음에 자리를 찾을 수 있기를
먼저 마음에게
무상을 전하여 본다

만세소리

쓰러지고 또 쓰러지고
갈가리 찢겨진 육신,
지친 마음과
지친 육신이
암울한 세상 가운데
어둠에 취한 사람들이
어둠의 공포를 두려워하며
밤새 울부짖는다
그 울부짖음이
밤을 새고,
다시 새벽 내내 흘린 눈물이
다 같이 만세를 불러보자고
희망의 메시지를 전하여 보자고
오늘도 이 거리 저 거리
거대한 파도를 이루고
인간 물결을 일으키며
울부짖으며 요동을 친다
나의 주장도
너의 주장도
요동치는 물결 속에서
큰 고함과 함께 퍽퍽 나뒹군다
숨소리는 껵껵거리고

지르는 고함은 하늘을 덮고
땅을 가른다
세상이라는
좁은 듯 넓은 자리가 문을 열어줄 때
만세소리 크게 외치고
시린 가슴 깊은 곳에 슬픔이 녹아내릴 때
손을 맞잡고 손을 맞잡고
암울한 세상이 덮이고
희망의 내일이 온다면
다 같이 만세를 불러 보자
목이 터져라 소리쳐 보자
거대한 인간의 숲이 잠에서 깰 때
시린 잿빛 세상이
희망의 색동옷을 입을 때까지
만세를 소리쳐 불러 보자
서로서로 손을 맞잡고
다 같이 만세를 불러 보자
욕망의 동아줄에 묶여진 저 무리들에게
만세를 불러
목이 터져라 만세를 불러
욕망의 동아줄을 끊어 버리게 하자

무소유

자연의 모든 자리는
맑은 환경을 선물하고
아름다운 꽃은 향기로 내려놓는다
소유라는 자리를 버리고
그저 흐르는 물과 같이…
부는 바람과 같이
묵묵히 살아온
나라는 존재에 삶의 흔적들은
울리는 목탁 소리에 산중을 오간다
무거운 짐이 싫어 산중에 머물고
깨달음에 욕심도 짐이 되어 내려놓으니
새벽 고운 실바람이
나의 볼을 어루만진다
그저 이 육신 비바람 피할 곳이면
족하게 생각하니
처처가 함께 머물게 되고
꿈은 생각으로 흐르고
흘러버린 자리에서
고운 인연의 향기가 피어오른다
먼 하늘에 뭉게구름은
자유롭게 허공을 오가고
형상을 보이는 듯하다

부는 바람과 손잡고
소풍 가 버린다
생각의 자리는 오늘도 하염없는
부질없는 욕심에 그림을
그리고 또 지우고…
그러면서 작은 바램을
생각을 내려놓은
빈자리에 두어 본다
생각이 가꾸던
진리의 숲 가운데
진정한 무소유에
자유도 심어놓고
더 많은 삶들에
무소유를 염원하며
나의 두 손을 모아본다

붓다

붓다여…
내 마음 안에 향기 가득히 피어오르는 나의 님 붓다여…!
더러운 물 가운데서도 한 점 물듦 없이 피어나는
그 향기 가득한 모습같이
세속에 물들어 가는 어리석게 이 육신
물듦 없이 피어나는 연꽃같이 아름다움 심어 주시고
붓다여…
내 마음 안에 고운 향기 붓다여…!
그대의 지혜의 가르침과
자비로운 구원에 손길과
맑게 울려오는 참 진리의 소리를…
님의 마음에 애절함을 듣지 못하는
이 육신을 어서 들어 깨닫게 하소서
붓다여…
내 마음 안에 붓다여
당신을 사랑하면서도
그 사랑에 모습을 다듬어가지 못하는
이 육신을 감로수로 씻어내어 변화되게 하소서
오늘 지금 이 자리에 비롯된
그대 붓다를 그리워하는 나의 마음…
아직도 그 자리에 주인됨을 깨달지 못한 채
이렇게 방황하는 이 육신…

오늘 이렇게 당신을 향하여
이 마음에 참 맑음을 위하여
붓다여…
당신을 목 놓아 찾으며
그대를 갈구하노니
붓다여…
내 마음 안에 참 주인이신 붓다여…
이 마음의 소리를 들어주소서…

살아간다는 것

살아간다는 것
세월의 울타리에
작은 시계 초침 돌리며
살아간다고 말하는 자리
누군가가
살아가는 이유를 묻는다면
답해 줄 얘기가 무엇일까
성공하기 위해서
행복하기 위해서
과연 답할 대답은 무엇일까
아무 조건도 없는
그렇다고 의미도 없다면
과연 지금 살고 있는 이유는 무엇일까
오늘도 변함없이
보이지도 들리지도 않는
삶의 초침만이 바쁘게 돌고
답도 흔적도 없는
세월의 잔재만이 쌓여 간다

존재의 가치

세상을 살아가면서
우리는 겹겹이 쌓인 마음에 불편함을
알게 모르게 완전한 배출이 아닌
부분적인 배출을 하면서
많은 부분에 걸림을 주고 힘들어 합니다
뒤늦게 알고 보면 별것도 아닌 일인데
별것이 아닌 큰 자욱이 남겨지는
일들로 변질을 시켜 버리죠
그런데 이런 작용은 어디에 쌓이는 것일까요
그것은 바로 그대 마음속에 고여 드는
바로 진실이 부족하고 자신만을 생각하는 아상과 아집
그리고 작은 배려도 생각지 못하는
마음 작용 그런 것들입니다
이제 이런 부분을 멈춰야 되지 않을까요
많은 글들을 접하고 많은 지도를 받으면서
그 자리에서는 그것을 아는 듯하나
결국은 그 자리를 벗어나면서부터
다 잊은 것도 아니면서
행동에서는 거리낌 없이
잘못된 것을 돌출해 버리고 맙니다
분노, 원망, 불편함 이런 자리가 만들어지면
우선 자신이 말하고자 하는 것이 있더라도

그 말하고자 하는 것을 멈추십시오
그리고 조용히 자신의 내면을 주시하십시오
무엇이 작용하려 하는가를 알아가십시오
알아가는 가운데 돌출하고자 하는 마음을 잡고
그 마음에 분출을 막아 버리십시오
지독히 화가 나는 말과 행동이라 하더라도
상대의 행동을 신중히 보고 그 보는 마음에서 일어나는
자신에 것을 깊이 생각하면서
자신이 상대의 행동에서 나오는 것과
똑같은 유형이 돌출되면
제3, 제4의 보는 눈들이 어떠할까 하는 것을
비록 힘이 들더라도 생각하십시오
그리고 우리 인생이 얼마나 덧없는가를
한 번 더 생각해보십시오
서로 사랑하며 살아도 벅찬 세상인데
이렇게 아옹다옹 싸우며 살아갈 필요가 있을까
하는 자신에 마음을 만들어 가십시오
내가 화가 났을 때
내 주위 사람들은 모두 등을 돌려 버립니다
그렇지 않을 사람이라는 마음의 실망에 의해
버려져 버리는 나의 마음이 되고 맙니다.
그러나 내가 고요한 마음으로 웃으며 마주칠 때

많은 사람이 내 등을 다독거려 주었습니다
그러면서 나는 또 다른 삶에 모습을 완성하게 되고
그러한 가운데 나의 인생을 알아가게 됩니다.
나에게 있어서 가장 해가 되는 것은
바로 나의 마음이며 내 마음속에 감춰진
분노라는 것을 올바르게 알아가야 할 것입니다
나는 분노하는 마음을 없애려고 노력합니다
그리고 모든 자리에서 고요하고 편안한 마음으로
내 마음을 다스려 나가는 나의 삶을 살아갑니다
이것이 삶이고 바로 이런 것이 인생입니다
다 그런 것, 때로는 마음이라는
보이지 않는 물건에게 상처도 입고 기쁨도 구하지만
모든 것이 결국에는 있지도 않으면서
존재의 가치를 부여하여 가는 그런 것들…
마음이 알아가는 바로 그런 것입니다

오늘 하루

눈을 뜬다
언제나처럼 새벽을 열고
여명의 빛이 밝아 오기를 기다린다
그리고 하루…
다시 새롭게 하루를 시작할 준비를 한다!
오늘 하루는 어떤 일이 시작될까
항상 그러하듯
오늘 하루를 나의 것으로 시작하지만
그 하루를 시작하며
시간이라는 초침을 돌리고 보면
그 하루는 나의 것인 줄 알았지만
나의 하루만은 아니다
하지만 그 하루를 나의 것으로 만들어 가며
나는 오늘이라는 삶의 자리를
조금씩은 거두어 간다
그러나 시간이라는 자리
조금씩 지나가는 자리마다
나의 것이라고 생각했던 것보다는
타인의 자리가 더 넓고
더 소중하다는 것을 알아가고
나의 삶이라 생각했던 것조차도
내 것이 아님을 알아간다

내 것이라는 욕심보다는
사랑하는 사람들을 위해 사용하라고
나의 진솔한 마음자리는 말하여 준다
하루… 가장 소중한 오늘이라는 날
어리석게 보내지 말고
욕심을 버리고 하심을 배우며
배려하는 마음을 위해 사용하라 한다
때로는 나만의 시간이 아니라
필요한 자리에
나의 진솔함을 투자해서 사용하라 한다
나는 할 수 없다는
어리석음을 마음자리에 심어두지 말고
할 수 있다는 굳은 신념으로
오늘 하루를 아름답고 행복하게 잘 살아가라 한다

알몸

가라…
이제 너의 자리로 가라
그 거짓됨 망령을 버리고
이제 아무 미련 두지 말고 떠나라
너는 누구인가
어떤 존재인가…
그대 살았다고 말하는
그대 자신은 과연 누구인가
그대는 어디로부터 이곳에 왔으며
어떤 이유에서
이 땅에 존재하고 있는가
그대가 생각하는 삶은 거짓인가 진실인가
거짓도 진실도
그 모두가 그대의 것인가
그렇다면
그대는 빈껍데기뿐
지금에 빈껍데기를 미련 없이 벗어버려라
알몸 아닌 알몸으로
저 존재의 가치 아닌 흔적 아래
그 빈껍데기 알몸을 던져버려라
감춰진 그대의 산송장
그 감춰짐을 벗어 버리고

그대의 본모습으로
참 나의 주인공의 자리
그 존재 위에 우뚝 서라
그대들 말하는 존재 아닌 존재
그 논리 없는 논리에
주인공이 되라
그리고
그대의 알몸에 묻혀진
삶의 어리석음
퇴적의 흔적들을 씻어버려라
그리고 그대의 존재의
진실된 가치를 알아가라
저 어둠을 가르며
여명을 던지는 저 강한 빛으로
그대의 존재 알몸
그 투명함을…

숨통

세월의 낡은 모습 속에
오늘도 하루를 보내며
또 다른 낡음 가운데
나의 긴 그림자로 남겨진다

날씨는 그 매서운 날을 세우고
삭풍에 바람은
나의 옷깃을 흔들며
황량한 들판에 외롭게 서 있는
마른 가지에 고독을 심어준다

하루하루
그리고… 또… 하루
알 수 없는 숙제는 그 무게를 더하여 주고
시간 속의 세월은
그 흐름을 빨리하며
아직도 풀리지 않는 삶의 군더더기는
무게 없는 무게로
나의 숨통을 조여오며
긴 한숨 속에
시커먼 투명함을 가득 토해 놓는다

아… 오늘도 이렇게 흘러가는가…
시간에 그림자
그리고
나

미아

세상을 살아가며
오늘같이
마음자리가 허전하게 감겨옴을
오랜 시간 가운데
처음으로 느껴본다
무엇이 이러할까
먹물옷 입고 살아오며
많은 시간을 물음과 답…
답 아닌 답이요
물음 아닌 물음…
의문에 연속…
선지식에 명쾌한 답을 구하고자…
누차 선지식의 그늘 아래
나의 모습을 담아 보았건만…
오늘
또다시 밀려오는 숙제들…
그저 아무생각 없이
세상 바람 따라 흐르면 그만인 듯하고
수많은 글들에 답없는 답을 보면서
그런가 보다 하면 그만인 듯하건만
사람 몸 받아 이 땅 방문하고
사람 몸 됨에 근본을 알지 못한 채

답도 없이 살아가야 하는 건가…
허상…
상상…
마음에 요동…
선지식이라 하는 많은 성인들
나름의 글을 남기고 가고
그 글 속에 인간은 자신의 생각을 깊이 하고…
그러면서 그 글에 노예가 되고마는 안타까움…
무엇을 진실로 두며 살아야 하는 걸까…
오늘도 답 없는 마음을 안고
묵묵히 하루를 보내야 하는가 보다
조용히 화두를 들어본다
그리고
삶의 고달픈 나그네…
그 길녘에 미아가 되어 버린다

돌아가렵니다

오늘도 하루라는 시간 속에
잠시라도 나를 돌아봅니다
절집 머문 지 어언 50년이 훨씬 넘어선 삶
길고도 먼 여정이었습니다.
절집에 머물며 부처님 그늘 아래서 살아온 삶…
출가 사문이라는 명분 아래 덥석 받아만 먹어온
많은 시주님들의 공양물…
받아 나의 주린 배를 채워는 놓았으나
시주님들의 그릇은 얼마나 채워 드렸는지
걱정이 하늘을 메워 놓습니다.
이 많은 빚을 어찌 갚을 것인지…
그래서도 더욱 열심히 정진하고
삼보 정재를 바르게 지켜가야겠다 생각하지만
저 속가로부터 불어오는 세속의 바람은
자꾸만 그 마음을 흔들어 놓습니다
흔들리지 말아야지 하면서도
잔바람에 흔들리는 마음…
답답하기 그지없는 갈대와 같은 마음,
흔들리지 않으렵니다
모든 것 비우고 텅 빈 자리에
고귀한 인연의 아름다움을 채워 놓으렵니다
내 것이라 해본들 내 것이 무엇이 있겠습니까

결국은 내 것이라 할 수 있는 것 아무것도 없는 것을…
공연히 욕심내어 마음자리 고생하지 않게 하렵니다
언제고 지금의 이 자리도 모든 불자님들께 회향하고
홀연히 걸망 지고 떠나 지난 시절 운수납자에
대자유인으로 돌아가렵니다
그동안이라도 저와 인연하시고
부족하여 고생시키는 점
모두 용서하시길 바랍니다

삶의 가치

우리가 살아가는 오늘 이 하루를
무의미하게 욕심에 차 있는 모습으로
숨 가쁘게 살아가지 맙시다
우리 인생 삶의 차이와 길이는
모든 사람뿐 아니라
축생계 모든 중생들이 거의가 비슷합니다
그러나 각기 살아가는 삶의 방식이 다르고
모습이 각기 다르듯
그 생각의 차이도 각기 다릅니다
그 다른 환경 속에 때로는
지친 사람, 초조한 사람,
행복한 사람 , 즐거운 사람
여러 부분으로 분리가 되어 가는데
무엇 때문에 이렇게 분리된 환경을 만들며 살아갈까요
생각의 차이는 별거 아닙니다
누가 먼저이길 바라기보다는
내가 먼저 양보하고
욕심 없는 마음과 무안의 폭을 지닌
자비심에 마음을 열어 가면 되지 않을까요.
그러기 위해서는 늘 수행하는 마음이 필요합니다
한 손에 염주를 들고
매일 불보살님의 명호를 염송하고

참회심에 마음을 염불 소리와 함께
불보살님 마음에 닿게 하면
흐려진 마음에 시야를 맑게 정화시키게 되고
기도에 문이 열려 지혜로운 마음으로
시작을 준비하여 나가게 되는 것입니다
운명은 누가 만들어 주는 것도 타고나는 것도 아닙니다
늘 이 하루를 열고 창조의 준비를 해 나가는 가운데
나 자신이 스스로 만들어 나가는 것입니다
그리고 나 자신의 하루의 삶은
지난 억겁의 삶 속에 묻힌 업의 얼룩을
하나하나 씻어가며 오늘을 살고 있는지도 모르는 것입니다
모르고 그저 먹고 살기 위해서 일하고 있는 사람,
그런 사람은 되지 말아야 하지 않을까요
만약 그러한 삶이라면 결국은 무지에 묻힌 가운데
삶의 바른 도리를 깨닫지 못하고
힘들어 하고 지친 모습 속에 담긴
지루한 생활을 하고 있는 무기력의 존재만으로
하루하루를 이어가는 어리석은 존재가 되는 것 아닐까요
사람에게 있어서 인생은 매우 길고 긴 것입니다
이 길고 긴 인생 무엇을 위해 존재하여 가는지
오늘 이 하루를 살아가며
조금씩은 알아가야 되지 않을까요

자기가 사는 참된 목적을 알고 살아갑시다
모든 삶의 자리는 노동입니다
노동을 사는 보람으로 생각하면
그 노동 가운데 뭔가를 창조하려고 노력하는 사람이 되고
그 창조 가운데 삶의 이치를 바르게 깨달아가는
그런 존재가 되어 가는 것입니다
수행의 마음으로 참다운 깨달음을 구하는 이에게는
하루라는 이 오늘이 한없이 짧게 생각될 것입니다
그러나 하루하루의 일을
깨달음 가운데 즐거움으로 만들고
언젠가 나의 앞에 놓일 미래의 행복을 위해
주어진 하루의 일을 만족스럽게 생각하며
성실하게 노력하며 정진하는 사람,
이런 사람들에게는 인생이 결코
길고 멀게 느껴지지 않을 것입니다

숨소리

그저 늘 살아오던 방식
때 묻어 얼룩진 육신은
주인 없이 나뒹군
볼품없는 조각이 되고
끝도 모르는 망상은
시계 초침에 걸리어
덧없이 돌고
또 돌아간다
산다는 것에
지친 찢기움은
통곡 없는 통곡에 목이 메고
쉰 냄새 풍기는
거리의 송장에 묻혀서
덧없는 하루에
숨소리를 토하여 낸다

생각의 자리

가끔 생각한다
세상을 어찌 살아야 잘 살아가는 건지
수많은 갈등과 번민
그리고 수많은 숙제와 고민
많은 선택을 오가며 시간의 그물에 걸려
어느 것 하나도 확실한 중심 없이
하루하루 살아간다
나는 과연 잘 살고 있는 걸까?
현재의 시간 그물 속의 나라는 존재는
정상적인 과정을 거쳐 가고 있는 걸까
수많은 생각이 교차하며 지나가지만
아직도 어떻게 세상을
살아가야 하는 건지 알 수가 없다.
그저 그렇게 세월의 강물을 흘러가듯 살기엔
생각이 너무 많고 복잡하다
그저 남들처럼 똑같이 살기엔
욕심이 너무 많다
내려놓아야지 하면서도
그 또한 생각이라는 자리가 있어
쉽지 않다
입신양명의 꿈도,
그 어떤 권력도,

돈 쓰는 재미도,
젊은 아가씨들도
나에겐 그저
지나가는 허황일 뿐인 것
세상을 마음 편하게,
평화롭게 사는 게 제일인데
그 방법을 알면서 실천하지 못하니
그 또한 큰일이다

흐트러진 시간

흐트러진 마음이 나뒹군다
그리고 그 자리에
시간의 흔적들이 바닥에 떨어진다
시간을 뒤적이던 나를
무겁게 누르고 있던 세월의 짐
누군가 세월은 기다림이라고 했다지
기다림
떨어진 채 나뒹구는 시간 속을
뒤져 보지만 흔적이 없다
무엇을 기다렸단 말인가
목 멤으로
그리움으로
꺼진 불 속에 남겨진
온기를 마음에 품듯이
흩어진 채 멀어져 간 시간들을
주섬주섬
다시 주워 담아 본다
그리고 마음 한 자리에
추억이라는 자리를 만들어
흐트러진 시간에 흔적을 정리하여 본다

하늘

하늘이 푸른 옷을 입었습니다
하얀 구름무늬를 옷깃에 그려 넣고
그 모습을 한껏 뽐내봅니다
해님은 그 모습이 사랑스러워
밝은 빛을 가득 비춰주고
따스한 온기를 불어넣어 줍니다
참 맑고 고운 하늘 빛
그 아래서 고마움을
마음 가득히 담으며
넓고 푸른 하늘을 바라봅니다
생명을 불어넣어 주고
희망을 비춰주는 하늘과 해님 구름
그리고 그 사이를 오가는 나그네 바람
오늘도 행복을 하늘 가득 그리고
마음자리에 고마움에 고운 미소를 담아
간간히 불어오는
바람 나그네의 옷깃에 적어
높은 하늘을 향해 날려 보냅니다

세월

어둠의 긴 그림자
첩첩이 둘러진 검은 그림자 사이로
희뿌옇게 보이는 먼 산들
그리고 어느 집에선가
목이 터져라 질러대는 소리에
그렇게도 정겹게 노래 부르던
풀벌레는 소리를 멈추고
먼 소쩍새의 님 그리던 구슬픈 외침마저도 사라진 채
적막함만 가득 남겨진 깊은 겨울밤
삭풍은 옷깃을 타고 들어와
감춰진 살을 에이고
서러움에 젖은 마음은
외롭다 못해 고독의 쓴잔을 마신다
이 밤이 지나면
한 해라 하던 금년도
다시 넘기는 온장의 달력과 함께
나의 이마에 잔줄을 남기며 시작되겠지
소리 없이 지나가는 세월의 숫자는
더욱더 나의 마음을 서럽게만 하고
달래줄 이 없는 마음은 슬픔에 작은 이슬을 남기고
잔잔하게 흐르는 음악에 마음을 잠시 달래며
깊어가는 밤을 육신 가득 담아 맞이한다

그리고 세월이라는 그 길고도 긴 자리를
나의 두 눈에 맺혀진 이슬로 조금씩 씻어본다
씻어도 씻음에 흔적 없기에
세월이라는 흔적의 자리를 만들며
삶의 미련을, 삶의 욕심을
가증스런 미소에 담아
흐르는 음악의 소리에 실어서
허공 중에 날려 버린다

당신

맑은 미소가 가득한 당신은
이 세상을 지켜가는
가장 소중한 나의 당신입니다
당신의 모습 속에는
활짝 열린 꽃잎이 있고
당신 모습 속에는
그 꽃잎 속에 담긴 향기가 있고
당신의 모습 속에는
그 향기 속에 담긴 고운 숨결이 있습니다
당신은 가장 소중한 세상 속의 나의 삶입니다
당신은 이 세상의
가장 소중한 세상 삶 속의 진실입니다
진실이 있어 아름답고
진실이 있어 맑으며
진실이 있어 향기롭고
진실이 있어 세상 속에 담겨지는 당신은
가장 소중한 이 세상 나의 주인입니다
진실로 소중한 삶의 가치
그것은 바로 당신이며
삶의 자리 그곳에 당신은
나의 아름다움 바로 그것입니다

제3부

욕심 없는 아름다움

저는 행복합니다

나의 곁에서 항상 함께하는 당신이 있어
저는 행복합니다

고운 모습에 아름다운 미소를 가득 담은 당신
언제나 나의 곁에는 좋은 당신이 있어
저는 행복합니다

크고 작음 없이
당신은 나에게 부드러운 손길로
나의 거친 손을 잡아주고
향기 가득한 목소리로
힘들어 하는 나를 불러 주시고
답답한 마음을
포근한 가슴으로 안아 주시는 당신
그냥, 좋은 사람이 아닌
당신이 있어
저는 행복합니다

생각이 각기 다르고
때로는 너무나 달라서
성격에 차이가 있어
같이 있지는 못해도
당신은 당신 마음자리에서

자비로운 사랑에 향기를 품어서
나를 배려하는
고운 미소를 꽃피워 주는
그런 아름다운 당신이
나의 곁에 있어서
저는 행복합니다

아침이 밝아오고
새날을 맞이할 때
당신이 곁에 있다는 것
그것이 얼마나 행복한 일인지요
가끔 화가 나서 짜증을 부릴 때
아무리 큰 소리를 지르고
험한 모습을 보여도
언제나처럼
내게 함박웃음을 보여주는 당신
나는 어색함이 앞서는데
당신은 나에게
미소 짓는 모습을 보이고
나는 나의 행동에
부끄러움을 느끼고
수줍은 미소를 보이게 되면

더욱 사랑스런 말 한마디와
따스한 두 팔 안의 품에
안아주는 당신
그런 당신이 있어
저는 행복합니다

내가 너무나 힘이 들 때
내게 힘이 되어 주는 당신
늘 가까이 있으면서
위로하여 주고
웃음을 지어주는 당신
그런 당신이 있어
저는 행복합니다

살아간다는 게
많은 상처로 아파하지만
당신은 평생 소유하고픈 미소로
그 상처를 부비며 약이 되어 주는 당신…
당신은, 좋은 사람입니다
늘 함께 있고 싶은 사람이
바로 당신입니다
저는 그런 당신이 있어
행복합니다

사랑하는 이에게

밝은 빛이 가득한 자리
잔잔하게 흐르는 고운 음악이 있고
작은 꽃병에 아름다운 꽃이
곱게 미소 짓습니다
참 아름다운 자리
이 모두 다 당신과 함께하니
너무 행복합니다
이 행복 사랑 담아
사랑하는 당신에게
고운 향기로 드리고 싶습니다
잠시 머물려 하던 미움은
당신과 함께하는 이곳에서
사랑으로 변하였고
우리 사이에 오가려 하던
슬픔, 절망, 불행은
기쁨과 희망과 행복으로
변하여 갑니다
흐르는 고운 소리에
사랑을 가득 담아
아낌없이 주고 싶습니다
희망의 빛 가득한 자리에서
향기로운 사랑 꽃 복주머니에 담아
사랑하는 당신에게 드리고 싶습니다

항해

흐르는 음악 소리에
마음 배 띄우고
세월의 바다에
시간의 얼룩을 적셔
묻힌 기억을 씻어 버린다
아련히 떠오르는 추억 속의 모습
몽실몽실 솜사탕같이
마음자리에 머물러 버린
그러나 세월의 바다에 흘려보내고
홀로 그곳에 마음 배 띄워
남겨진 시간 속으로
항해를 다시 시작한다
기억
지난 시간속의 모든 흔적을
하나하나 흘려 보내며
시작의 기약도 없이
먼 항해를 시작한다

욕심 없는 아름다움

하늘은 항상 푸른 모습으로
청정한 모습 가운데 빛을 선물하고
바람은 계절 따라 그 모습을 달리하며
상쾌한 손짓을 하여 주고
자연은 맑고 향기로운 환경을 만들어 준다
이런 고마운 자리에 머물면서
삶을 거짓되게 만들어 가지 말자
산다 한들 잠시 보였다 사라지는
하늘에 구름이요 새벽안개 같은 것을
산다는 소리와 함께
잠시 부는 바람 따라 오가는 것
무얼 거짓되게 하며
무슨 연유로 어려움 속에 두고 살 것인가
쾌락과 욕심에 젖지 말자
쾌락과 욕심을 쏘아본들
그 뒤에 찾아오고 느껴지는
그 힘든 지겨움은 어찌 할 것인가
그저 사는 동안
산다는 것을 올바르게 알아가고
산다는 것에 감사하며
사는 마음을 지혜롭게 거두고
사는 방향에 길 곧고 바른 길을 택하며

사는 자리를 진실 되게 만들어 가자
거짓됨의 오역으로
나라는 존재에
얼룩에 흔적을 남기지 말자
아무리 오염된 물이라도
한 점 물듦 없이
곱게 피어나는 연꽃과 같이
그저 지금 같이만
욕심 없는 아름다움으로 살아가자

마음의 기다림

우리 모두 아름답게 살아요
서로를 조금만이라도 배려해 주는 마음
서로 닫힘이 없는 열려 있는 마음으로 살아요
행복은 멀리 있는 것 아니랍니다
항상 나와 함께하지만
닫혀진 마음 때문에 항상 슬퍼한답니다
우리 행복을 슬프게 만들지 말아요
행복이 항상 미소 짓는 모습으로
우리를 맞이하여 아름다움 가득 담으며 살아요
미소를 잊지 말아요
나의 모습에 항상 미소가 담긴
그런 사람으로 살아요
누구를 거짓되게 만들어 본들
결국은 우리가 아파하고
우리가 슬퍼하지 않던가요
그만큼 경험하고
그만큼 살았으면
이제 어느 정도 알 때가 되지 않았나요
왜 아직도 그 철없는 마음으로 살아가는가요
철없다는 말 하지 말고
나서부터 한번 깊이 생각해 봐요
그리고

우리 사랑에 마음 깊이 새기고
이 세상 아름답게 만들며
행복하게 살아요
당신의 깊은 마음에 사랑을
오늘도 이렇게
간절한 마음으로 기다려 본답니다

그런 사람이 되고 싶습니다

세상이라는 자리에서
서로의 손을 잡고 그 손을 잡을 때면
마음이 따뜻해지고
마음이 따뜻하면서
어둠에 드리워진 생각이 맑아지는
그런 사람이 되고 싶습니다
나라는 생각에 집착하기보다는
더불어 함께하는 이웃을 먼저 생각하고
자신보다는 이웃에게 함께하여 주어 감사하다는
그런 고마움을 전할 줄 아는
마음 따뜻한 사람이 되고 싶습니다
거짓과 허울의 모습이 아닌
마음이 따뜻해져 오는 사람
말 한마디에서 아름다움이 보이고
말 한마디에 사랑이 담겨오고
말 한마디에 맑은 미소가 담겨오는
그런 사람이 되고 싶습니다
묵묵히 지켜주고 묵묵히 행동으로 보이고
묵묵히 모든 걱정을 함께하여 주는 사람
걱정과 아껴줌이 물씬 풍겨오는 사람
배려와 격려가 항상 함께하는 사람
나를 내세워 만족하기보다

하심에 마음으로 모두를 포용해 주는 그런 사람
나로 인해 모두가 행복해지는
그런 사람이 되고 싶습니다

봄 1

어느새 추운 겨울이
서서히 물러선다
그리고 간간이
따스한 바람이 불어온다
벌써 우리에게
봄이 오고 있는 것일까
봄이 온다면
겨울 내내 움츠리고 있던
저 들녘에 새 생명이
기쁨의 합창을 시작하겠지
생명의 소리가
저 들녘 땅에서부터 하늘까지
생명의 대 합창이 울려 퍼진다면
지금 그 날이 온다면
나는 너에게
사랑이 가득 담긴
곱고 향기로운 생명의 빛을
선물하리라
우리에게 새 생명이 싹트는
봄이 온다면
동장군이 물러선 그 자리에
따스하고 포근한 하늘이

우리를 감싼다면
그 행복이 가득한 날이 온다면
나는 너의 품에 안기여
사랑을 얘기하고
희망을 담으며
내일의 부푼 꿈을 꾸리라

봄 2

차갑던 땅속에서
긴 동장군을 피하여 숨어 있던
작은 밀알이
먼 남쪽 요정나라에서
포근한 가루를 보내오니
부스스 눈 비비며 기지개를 켠다
온 대지에
조금씩 생동감이 넘치기 시작한다
긴 겨울을 지나
이제 봄을 맞이하려고
작은 싹을 감싸 안고 있던 나무들도
뽀드득 파란빛 고운 새싹을
힘차게 열어 보이며
마음껏 숲속 벗들과 봄을 노래한다
들녘에는 긴 겨울을 쉬고 있던 농부들이
봄을 맞이하는 쟁기 소리를 연주하며
새 생명을 파종하고
산과 들
그리고 작은 시냇물 소리
푸른 하늘 생동의 빛과 함께 흥겨워 한다

창조

아름다움을 말하고
사랑을 전하고
그리고 행복한 순간을
그 안에 담고 살아갑니다

푸른 하늘 같은 순수한 마음으로
풀잎에 맺어진
고운 구슬 방울과 같이
살아가는 자리마다
작은 구슬을 꿰어 갑니다

고운 요정의 미소가 담겨 있는
그런 따듯한 자리를 만들며
오늘이라는 시간 위에
새로운 창조를
시작하여 갑니다

삶은 늘 아름다운 것이며

삶은 늘 아름다운 것이며
삶은 늘 새로운 것을 창조하며
삶은 늘 우리를 지혜롭게 이끌어 간다
세상 이라는 이 크고도 작은 수레바퀴는
보이지 않는 시간 속에서
보이지 않는 짐을 가득 싣고 달린다
새벽…
그 여명의 빛이 시작하면서
저녁… 그리고 밤…
암흑에 어둠이 내리는 시간까지…
우리는 무수한 인연 속에 자신의 마음을 담고
담겨진 마음과 함께
오늘이라는 세상을 여행한다
좋은 일과 좋지 않은 일...
욕심과 버림…
그리고 반복되는 자신에 부족한 채워짐…
결국은 자신의 것이 아니건만…
자신에 소유로 만들려고
어렵고 힘든 자신과의 투쟁을 이어가는 사람들…
소유라는 미명 아래…
그 부질없는 욕심은 우리에게 상처를 만들어주고
자신에 창조물을 망각의 틀에 가둬 둔 채

조여드는 심장의 둔탁한 소리에 울부짖고 통곡하는
오늘이라는 이 시간 속의 모든 사람들…
그대들이여 이 시간의 소유자여…
이 시간에 무한의 창조자여…
그대들이 만든 이 자리 그대들이 주인 아닌가…
자신의 마음…
그 본바탕으로부터 만들어진 모든것을
신이라는 허상에 매달리고
사주다 팔자다 하는
어리석은 믿음에 더 큰 상처를 모른 채
의지하려 하는 어둠의 마음들이여…
이제 그대들의 주인 자리로 어서 돌아들 가라
그리고 아름답게 장식된
이 세상이라는 그대 소유물을
밝은 빛 가득하며
아름다운 향기 가득한 그대들의
자리로 완성하여 가라

하늘 돛단배

가도 가도 끝이 없는 하늘길에
소망의 푸른색 가득하고
뭉게구름 몽실몽실 떠다니며
하늘 돛단배 만들어
소풍가자 손짓하네
저 끝없는 하늘 길을
늘 바라볼 수 있음은
커다란 축복이며
살아갈 수 있는 용기가 되고
뭉게구름은 포근
함 안식을 선물하며
밝은 태양빛은
어둠에 갇힌 마음자리에
희망이라는 선물을
가득히 담아 주네
저 뭉게구름처럼 자유롭고
하늘처럼 파란 마음이 무한히 열린
영혼의 자유로운 행복을
영원히 누리면서
이 세상 살아가라고
하늘은 오늘도
하늘길 열어 주고

구름 돛단배 만들어
높은 닻 달고
소풍가라 손짓하네
바람 손님 걸어간 저 길 위에
하늘 돛단배 띄우라고
오늘도 쉼 없이
소풍 가자고 나를 부르네

욕심

오늘 하루를 살아가더라도
아름답고 좋은 생각 많이 담으며
서로를 배려하는 마음 가운데
서로의 마음을 읽으며
아름답고 향기롭게 살아가자
뜰 앞 양지바른 곳에 피어오르는 새싹은
딱딱한 대지를 힘차게 밀고 나와
언젠가 자신을 필요로 하는 곳에
자신의 모든 것을 나눠 주려고
지금 저렇게 힘든 고행을 하는데
우리는 지금 무엇을 하며 살고 있는가

세상은 참으로 아름다우며
육신으로 사는 동안
참으로 행복한 삶이었노라
말할 수 있는 우리 모두가 되자
욕심 부려본들 마음에 상처만 남겨지고
사는 길만 험난할 뿐
나에게 이익됨은 조금도 없을 것이다
서로 웃으며
서로 아름다운 말 가운데
향기 가득한 소리를
저 고운 바람에 실어서 띄워 보내자

하심

무엇을 그렇게 깊이 생각하세요
너무 생각을 깊이 하면
그것이 망상으로 변하고
혹 당신의 삶을 힘들게 할 수 있어요
너무 생각에 깊이 빠지지 마세요
하심의 마음으로 생각하고
삶의 모든 것
욕심 없는 마음 가운데
지혜로운 생각으로
필요한 만큼만 짊어지고 살아가세요
무거운 짐으로 힘들어 하는 당신의 모습
이제는 더 이상 세상 사람들 앞에
보이지 마세요
그냥 초심의 마음으로 생각하고
내려놓는 가운데 행복을 찾으세요
행복은 하심의 자리
바로 그곳에 숨어 있으니까요

아름다운 행

잠시 피어오르는 꽃과 같이
비록 아름다움을 보이고
시들어 사라지지만
그 아름다운 모습과 향기는
오랫동안 기억이라는 자리에
남겨져 지워지지 않습니다

우리 인생도 이와 같아서
잠시 모습을 보이고 있지만
언젠가는 한 줌의 재가 되어
사라지고 맙니다

우리가 사라진 자리도
저 아름다움을 보이던
한 송이 꽃의 자리와 같이
기억이라는 자리에
남겨질 수 있는
그런 삶을 살아왔을까요

우리 저 푸른 하늘을 바라보는 마음으로
저 맑은 물로 목마름을 적셔가듯
잠시 머무는 삶의 자리에

투명한 수정 같은 마음과
고운 향기를 가득 담은 마음으로
아름다운 행을 보이는
그런 시간을 만들며 살아가요

한마음

늘 한마음이기를 원합니다
진흙물 가득한 곳에서도
한 점 물들지 않고
맑은 향기 가득 담은 채
곱게 피어나는 연꽃과 같이
그 어느 것에도 물들어 가지 않는
그런 순수함이 가득한
마음이길 바래 봅니다
오늘 이 한 순간 순간을 보내며
오늘 지나온 모든 것
그 안에 머물러 있던 나란 존재
변함없는 하나이길 바라며
아름다운 꽃잎 날개 달고
저 푸른 하늘을 향해 날아 봅니다

세상

세상이라는 자리에
크고 작은 공간을 차지하며
욕심이라는 무거운 짐 지지 말고
솜털같이 가벼운 마음으로 살아가자
누구를 원망하며 살아가기보다는
봄날 따스한 바람 벗처럼
포근한 솜이불 같은 마음으로 살자
파아란 하늘 뭉게구름 벗같이 살듯
풀과 숲과 많은 작은 요정 벗하며
고운 향기 담겨 살자

희망의 하늘

화가 난다 그냥 웃으면 되는 건데
생각하지 말고 잠시 버리면 되는 건데
시간의 폭풍이 너무 심하고
삶의 바다에 파도가 너무 거세다
마음이라는 돛단배가 중심을 잃으려 한다
그냥 기다려야 하는 걸까
거센 바람과
드높은 파도
바람과 바다가 나의 마음 돛단배가 싫은가 보다
이쁜 모습도 아니고
올바른 소통도 없고
저 거센 삶과 시간이 고요하게 흐르게 하자
그래 마음 이와 소통하는 길을 열면 잠잠해지지 않을까
그래 난 늘 소통하고 있어
소통의 돛을 높이 올리자
그리고 마음아 고맙다
이제 저 소통에 돛을 높이 세워
시간의 바람과
삶의 바다가
서로 잘 소통하게 길을 열어가자
그리고 행복의 밝은 태양이 밝게 빛나
희망의 파란 하늘이 넓게 펼쳐지게 하자

제4부

기도

아름다운 하루를 살아가게 하소서

거룩하신 부처님!
오늘 하루도 우리의 삶이 아름다운 가운데
최선을 다하는 삶을 살아가게 하옵소서.
오늘 하루도 바라보는 모든 것이 맑게 보이게 하시고
나의 두 눈이 세상을 올바른 시선으로 바로 보게 하시며
나의 두 귀가 정직한 소리를 제대로 듣도록 하시어
판단의 자리에서 두 눈이 흐려지고
두 귀가 혼돈하지 않게 이끌어 주소서.
오늘 하루도 모든 사람들 앞에서
나의 입이 꾸밈없는 온전한 말을 하게 하옵소서.
뿌린 대로 거둔다는 인과를 바르게 알아
말이 근본이 되고 말한 대로 결과가 만들어 짐을 알게 하소서.
어리석은 말로 시작하여 결국 무서운 재앙을 초래하는
어리석은 삶이 되지 않기 원하옵니다.
함부로 내뱉는 말이 비수가 되어
내 이웃에 마음을 깊숙이 찌르는
무서운 말을 하지 않게 하옵소서…
시기와 질투 그리고 다툼을 일으키는
어리석은 입이 되지 않게 하옵소서.
입으로 구업을 짓는 어리석은 자가 되지 않기를 원하옵니다.
거룩하신 부처님,
내 욕심을 채워보겠다고 거짓됨으로 포장하는 말을 하지 않

게 하소서.

확실치 않은 일을 확실한 것처럼 말하지 않게 하옵소서.

아무 생각 없이 함부로 성급하게 말하지 않게 하옵소서.

교만한 말과 비방하는 말을 하지 않게 하옵소서.

지위를 이용하여 아상을 드러내는 말과

상대를 업신여기며 희롱하는 말을 하지 않게 하옵소서.

헛되고 과장된 말로 자랑하지 않게 하옵소서.

부처님의 가르침을 부정하거나

나의 미래도 올바르게 알지 못하면서

상대의 미래를 말하고 혼돈시키는 말로써

부처님의 가르침에 계를 거역하는 말을 하지 않게 지켜 주옵소서.

어리석은 생각으로 악한 마음을 품지 않도록 지켜 주시고,

그릇된 욕망에 이끌리지 않도록 지켜 주옵소서.

오직 부처님의 가르침대로 말할 수 있고

바른 믿음이 마음자리에 항상 함께하게 하옵소서.

핑계 대며 어리석음 속에서 거짓됨을 즐기며 살지 않게 하시고

부처님을 항상 바라보며 바른 믿음 안에서 정직하게 살게 하시고
바른 믿음으로 행을 보이며 살아가게 하옵소서.
게으름과 나태함 그리고 거짓된 말과 행동으로
모든 이들에게 손가락질 받는 삶이 아니라
부지런함과 성실함과 진실한 말과 행동으로
바른 불교인의 모습을 보여줄 수 있게 하옵소서.
항상 부처님께 참회하는 기도의 삶으로 아름다운 삶을 살게 하옵소서.
오늘도 부처님의 가르침 안에서 맑고 향기로운 삶으로
모든 이웃들에게 기쁨과 행복을 나눌 수 있는
자비로운 사랑이 가득 넘치는 아름다운 하루가 되게 하옵소서.

마하반야바라밀

아름다운 하루가 되게 하소서

거룩하신 부처님,
하루를 준비하며 두 손 모아 기도드립니다.
오늘 하루 동안 거짓됨을 버리고
초심의 마음으로 옳은 일을 위해
외롭게 살아가는 하루가 되게 하소서.
죄라는 속박에 묶이지 않으며
참회의 마음으로 정당한 행을 보이게 하소서.
사람을 가려내는 분별심을 보이지 않으며
거짓되고 욕심에 물들며 폭력 쓰는 자를
지혜로운 가르침에 모습으로
바른 행을 배우도록 인도하며
부처의 가르침 믿고 배우며 의지하는
당신의 바른 믿음에 제자가 되게 하여 주옵소서.
악인도 잠시는 복을 누릴지 모르나
인과의 도리는 분명함을 알게 하시고
기도하는 마음으로 좌절하지 말게 하옵소서.
옳은 일을 위하여 최선을 다하고
바른 불자의 모습으로
바른 양심과 인간성 회복을 위해
허물없이 정직하게 살아가는 마음이 되게 하소서.
나의 입에서는 항상 진실을 말하게 하시고
구속되거나 고통을 당하는 자들이

결코 외롭지 않음을 깨달게 하여 주옵소서.
부처님의 가르침을 믿고 따르는
바른 믿음에 불자가 살아가는
아름다운 하루가 되게 인도하여 주옵소서.

마하반야바라밀

아침을 맞이하며

새로운 시작을 준비하고자
자비하신 부처님께
두 손 모으며 기도드립니다.
부처님께 귀의하옵고
가르침에 귀의하오며
항상 저희를 바른 믿음의 자리로 인도하여 주시는
스님들께 귀의합니다.
오늘 하루도 보람된 자리 되게 인도하시고
부처님의 가르침을 믿고 따르는
하루 되게 하옵소서.
오늘 하루도 믿음 안에서
바른 불자의 모습을 보이게 하시고
매사에 깨어 있는 마음자리 되게 하시어
지혜로운 행동 보이게 하소서.
항상 세속적 욕심에 물들어 가지 않게 하시고
하심의 자리에서
초심을 잊지 않는 자 되게 하소서.
그리고 부처님의 가르침을
지켜갈 수 있는 자 되게 하시고
오늘 하루도 불자의 본분을 다하는
귀한 믿음인이 되게 하소서.
항상 기도드리는 가운데

하심을 지키게 하시고
내 이웃에게
부처님에 가르침을 전하는 자로 쓰임 받게 하소서.
거룩하신 부처님!
지금 이 자리에 함께 하시여
진실한 믿음과 가르침이
충만하게 하옵소서.
어떤 어리석음에 마장도
저에게 침범치 못하도록
금강석 같은 마음자리 되게 하소서.
어두운 마음 걷이고
세상의 빛 가운데
맡은 소임을 충실하게 실천하는 자 되게 하옵소서.
이 아침 지혜로운 마음에 문을 열고
부처님과 그 가르침과 스님들께
두 손 모으며 기도드립니다.

마하반야바라밀

오늘도 기도하게 하소서

기도하게 하소서…
나를 위해 참회의 기도를 하게 하소서.
알면서도 때로는 나도 모르는 사이에
부족한 자신을 감추기 위해서 지어온 모든 어리석음
이 아침 두 손 모아 참회하오니
바른 믿음의 자리로 한 걸음 더 가까이 다가서도록
부처님 진실한 마음자리 위해 먼저 기도하게 하옵소서.
거짓된 모습으로 남을 위해 눈물 흘리기 전에
나를 위해 먼저 참회의 눈물 흘리게 하시고
어리석은 행동으로 가식된 모습 보이며 남을 사랑하기 전에
내가 먼저 부처님에 자비하신 사랑의 모습을
진실한 마음으로 가르침 받도록 인도하여 주옵소서.
크신 가르침 받아 진흙탕 물에서도
아름답게 꽃 피는 연꽃과 같이
내 마음에 모습이 아름다워지도록 이끌어 주시고
모든 자리에서 고운 향기를 전하는 행을 보이게 하소서.
호수가 잔잔해야 배를 띄울 수 있습니다.
내 마음의 자명등불이 밝아야 삶의 길을
용기 있고 힘차게 전진하여 나갈 수 있습니다.
내 가슴 주인공 자리에 자비로운 사랑의 향기가 있어야
이웃의 아름답고 포근한 사랑을 느낄 수 있습니다.
이웃의 잘못을 보기 전에

나의 부끄럽고 어리석은 모습을 먼저 알게 하시고
남을 탓하기 전에 나 자신을 먼저 돌아볼 줄 아는
지혜로운 자가 되게 하옵소서.
거울에 내 모습 비추어 보듯
남에게 말하기 전에 그 말을 다시 한 번 더 생각해서
그 말에 고통이 담겨 아프면
부드럽고 포근한 말이 되게 고칠 줄 아는 자 되게 하소서.
자신의 참회를 향한 기도를 통해
내가 이기적이 행동을 보이는 자가 되거나
교만하고 치졸한 인간이 되지 않도록 하시고
언제나 겸손한 마음으로 초심을 잃지 않고
나 자신을 위해 더욱 충실하며
이웃을 위해 진실로 자비로운 사랑을 실천하는 자 되게
하옵소서.

마하반야바라밀

지혜로운 삶

부처님! 두 손 모아 간절하게 청하옵니다.
우리로 하여금 지혜로운 삶을 살게 하옵소서.
현실에 직면한 저희 모두는 무엇을 보고 들어야 할지
어떻게 말하고 행동해야 할지 혼탁한 마음이라 잘 모르겠습니다.
부처님 저희 모두가 서로에게 아픔과 슬픔을 안기지 않고
부처님의 자비하신 품같이
서로 따뜻한 사랑을 나눌 수 있는
그런 지혜로운 사랑의 사람으로 살게 하옵소서
간절하게 두 손 모아 간구하옵고 거듭 간구하옵니다.
두 손 모아 간구드리옵는 것은
우리로 하여금 부처님에 가르침을 마음자리 새기며
부처님의 가르침 가운데 지혜의 문이 열리고
서로의 맑은 마음과 자비로움 가득한 사랑을 위하여 살게 하시고
가르치심을 거듭 새기는 가운데
모든 자리에 순종하기를 어린아이처럼 하며
이웃을 서로 받들어 섬기며 살아가는
아름다운 사람의 모습 갖춰가게 하소서
지혜롭지 못한 마음으로 무엇 하나
부처님의 인도하심 없이 행치 말게 하시고
항상 부처님이 기뻐하심으로 만족하게 하옵소서.

부처님! 우리 자신의 어리석음 가득한 마음자리
참회하고 참회하며 마음자리 구원을 위하여 기도합니다.
삶의 자리들마다 구원의 자리가 되게 하시고
모든 업장의 자리를 수행과 정진으로
참회의 자리에서 녹이는 지혜의 큰 용광로를 보게 하셔서
마음자리 맑아지고 기쁨 충만한 새 생활을 누리게 하옵소서.
부처님! 우리로 하여금
어려운 이웃을 위하여 봉사하는 삶을 살게 하소서.
세상의 빛이요, 세상의 지혜로운 일꾼이 되게 하시어
우리가 살아가는 모든 자리 모든 행함의 일에
부처님의 거룩하신 상호가 환한 자비의 미소로 드러나게 하소서.
우리를 나타내려는 이기심이 아니라
우리가 살아가는 그곳에 자비하신 사랑에 거룩하심이
맑고 밝게 드려지게 하옵소서.
항상 마음자리 거룩하신 부처님을 섬기고 따르게 하옵소서.
거룩하신 부처님의 가르치심과
위대하신 스승님에 이름으로 기도드립니다.

마하반야바라밀

진실을 보이는 하루가 되게 하소서

거룩하신 부처님,
새로운 아침을 맞이하며 두 손 모으니
기도로써 제 생각을 정리하고
마음을 정화하여
바른 생각으로 안정된 하루를
시작할 수 있게 인도하여 주옵소서.
사생의 자부이시며 우리의 참 스승이신 부처님께
간절한 마음으로 드리는 기도 소리를 들으시고
잘못된 자리는 참회하게 하시어
모든 시작에서부터 바른 자세로 행동하며
시작을 받아들이기 전에
제 생각이 안정된 상태에 이르러서
성공할 수 있는 결실의 자리에 도달할 수 있도록
이 아침 저의 기도를 기억하시어
모든 자리에서 마음을 정돈하여
추진할 수 있게 인도하여 주옵소서.
거룩하신 부처님
함부로 행동하는 모습 보이지 않게 하시고
모두를 대할 때마다 자비하신 부처님의 모습을 닮아
아름다운 미소를 담은 모습으로 대할 수 있게 하옵소서.
거짓은 언젠가는 밝혀짐을 알게 하시어
거짓된 헌신이 보이지 않게 하시고

거짓은 통하지 않는다는 사실을 깨달게 하시어
진실된 모습으로 지혜로운 행동을 보이며
매사를 정직하게 이끌어 가게 하옵소서.
저로 하여금 부처님의 완전하신 깨달음을 기억하게 하시어
냉랭하고 형식적인 의식에 빠지지 않게 하옵소서.
아무 준비 없이 시작하는
무모한 어리석음 보이지 않기 위하여
항상 기도로부터 시작하게 하시고
기도가 없는 마음으로는 시작하지 않게 하시어
중도에 포기하는 행동을 보이지 않게 하옵소서.
욕심에 젖는 일에 쫓기거나 혹은 쾌락에 이끌려
중도에 중단하고 망각해 버리는 일이 없도록
오늘 하루도 저를 바르게 이끌어 주옵소서.

마하반야바라밀

행복한 하루가 되게 하소서

거룩하신 부처님,
부처님의 뜻을 알 수 있도록
우리들에게 법의 향기를 내려주시어
저희로 하여금 부처님의 가르침에 말씀으로
보람찬 하루를 살아갈 수 있도록 인도하여 주옵소서.
부처님의 가르침의 뜻에 나를 맞추며 사는
행복한 하루가 되기를 간절히 원하옵니다.
부처님의 뜻에 나를 맞추어 갈 수 있도록 인도하여 주옵소서.
부처님의 뜻에 나의 삶에 생각을
믿음으로 따르는 일부터 시작하는
바른 불자가 되게 하여 주옵소서.
비록 역경이 있다 할지라도
부처님에 거룩하신 가르침에 은혜를 바라보게 해 주셔서
매 순간 삶 가운데서 무릎을 꿇고 기도드리며
부처님의 가르침에 참뜻을 구하고
부처님의 뜻에 맞추어 살아갈 수 있게 도와주옵소서.
어리석은 생각을 버리게 하시고 꾸짖어 주시어
부처님의 뜻을 바르게 알아가는
총명과 지혜가 가득하기를 간절히 원하옵니다.
부처님의 뜻을 바르게 깨달아가는
총명과 지혜를 얻게 해 주셔서,
부처님의 뜻에 따라 옳은 일을 하게 해 주시고,

부처님의 뜻에 맞게 기도하는 자로 세워지게 해 주옵소서.
부처님의 뜻을 따라
바른 불자로서 사리를 분별하게 해 주셔서,
내 욕심을 따르지 않고 초심의 마음으로
부처님의 뜻을 따라 살게 해 주옵소서.
부처님의 뜻을 따라 참회와 용서가 있게 해 주시고,
내가 먼저 손 내밀어 화해를 청할 수 있는
자비로운 불보살님에
사랑을 실천하는 자가 되게 해 주옵소서.
모든 환경에 나를 맞추려 하지 않게 해 주시고,
매 순간마다 오직 부처님의 뜻에 나를 맞추며 사는
지혜 가득한 행복한 하루가 되게 하여 주옵소서.
부처님의 가르침을 마음 가득 새기며 기도드립니다.

마하반야바라밀

사랑받는 하루가 되게 하소서

어둠에 밤이 지나고
다시 새로운 시작을 알리는 여명이 찾아오는 아침
두 손 모으며 부처님 전에 기도드리옵니다.
오늘 하루도 미약한 마음을 버리고
삼보님의 가르침 안에서 다시 떠오르는 태양과 같이
하심의 마음으로 새로운 창조적 일에
도전하는 삶을 살게 하옵소서.
나의 주장을 앞세우기 전에
상대의 의견을 충분히 듣고
더불어 생각하는 지혜를 열게 하시고
누구를 탓하기 전에 먼저 스스로를 깊이 생각하고
잘잘못을 먼저 용서하고 이해하는 마음으로
손잡아 주는 따뜻한 마음을 보이게 하시며
아상으로 벌어지는 성냄을 성냄으로 되갚지 말게 하시고
진실한 마음으로 용서하고
자비로운 부처의 사랑의 마음으로
보듬어 안아주는 따스함을 보이게 하소서.
힘들고 고통스러운 지난날을 슬퍼하지 말게 하시고
처음 시작이 뜻대로 되지 않았다고 주저앉게 하지 마시며
초심의 자리에서 항상 생각하고
새날의 새로운 창조적 희망으로
새롭게 시작하는 계획을 설계하게 하옵소서.

입으로만 말하는 삶이 아니라
진실한 마음으로 행을 보이고 말하는 삶을 살게 하시고
진실한 마음이 느끼는 목소리로
구업을 짓지 않는 청렴한 삶을 살아갈 수 있는 용기를 주옵소서.
부질없는 아상과 아집 그리고 욕심은 버리게 하시고
약속의 소중함을 바르게 인식하여
지키지 못해 일어나는 행동의 어리석음으로
모든 것을 잃게 하지 마시고
초심으로 시작했던 마음이 결실의 끝이 되게 하옵소서.
자비로운 마음으로 늘 사랑하는 마음 되게 하시며
사랑받지 못해서 외롭고 힘들어 하는 불행을 만들지 않게 하옵소서.
진실한 사랑을 알게 하시어
아름다운 연꽃 향기 가득한 마음으로
모든 사람들에게 인정받는 사랑의 하루가 되게 하옵소서.

마하반야바라밀

소리

나의 입에서 나오는 소리에서
거짓된 소리가 없는
진실의 소리가 울리게 하소서.
모든 언행이 지극히 성실하며
스스로를 거짓됨으로 포장하거나
울리는 소리가
그 무엇도 속이지 않게 하소서.
진실한 언행으로
남을 놀리지 않으며
언제나 소리에서 향기가 나는
아름다움이 울리게 하소서.
그 어떤 자리에서도
이간질하는 소리가 울리지 않으며
그 어떤 소리를 들었더라도
그 소리가 메아리쳐 울리지 않고
항상 아름다운 소리가
처처에서 울려지게 하소서.
메마른 대지가 갈라지더라도
단비의 고마움으로 다시 적셔지듯
나의 소리가 감로의 소리로 울려서
갈등의 소리로 갈라져 있는 자리를
화합의 자리로 적셔지게 하시며

서로의 모습 속에 환한 미소가 가득 담겨
공경의 꽃이 피고
향기 가득한 소리가 온화하고 순수하며
아름다운 합창이 가득 천지 간에 울려지게 하소서.
모든 울림의 소리가 부드럽고 유연하며
어리석게 원망을 사거나
해를 입히지 않는 소리
서로에게 이익됨이 많은 소리
모든 사람이 공경하고
사랑하는 마음의 소리가
이 땅 처처에 가득 울려지게 하소서.

망령의 선혈이 되어

망령의 선혈이 되어
육신을 덮고
그 덮여진 사이로
참회의 눈물이 흘러내린다.

거짓된 삶의 멍에가 흘러내린다.
욕심의 군더더기가 흘러내린다.
사람됨의 근본이 사라진 그 자리에
하심의 마음이 담기고
소유할 그 무엇도 없건만
소유의 욕심으로 얼룩진 자리에
작은 빛이 살아 오른다.

무수하게 남발된 거짓의 망령들
하나하나
솟구치는 땀방울에 묻어 흐르고
닫힌 마음이 열리며
나라는 존재의 멸함에 흔적이
조금씩 조금씩
사라져 간다.

옴 살바 못자모지 사다야 사바하
옴 살바 못자모지 사다야 사바하
옴 살바 못자모지 사다야 사바하

참회하게 하소서

저희들 곁에서 항상 가르침으로 인도하여 주시는 부처님
부처님에 가르침을 받고 보니
저의 마음자리 어둡고 그늘짐이 벗겨지며
새 희망의 등불이 밝게 빛나옵니다.
부끄러운 삶을 참회하게 하시고
저희들로 하여금 불안전한 삶에 자리를
참회의 마음으로 비춰보게 하시어
벗어나 살아가게 이끌어 주옵소서.
저희들로 하여금 살생을 버리게 하시며
간음하지 않게 하시고
거짓됨을 보이지 않게 하시며
성냄을 버리게 하시고
형제와 이웃을 원망하던 마음도 버리게 하시고
미련하다 하고 바보라 하며
욕하는 마음으로 통쾌함을 느끼던 마음도 버리게 하시며
이성을 보고 음욕을 품었던 마음도 버리게 하시고
음담패설로 자주 저의 입술을 더럽혔던 행도
모두 버리게 하소서.
마음에 더럽혀짐은
눈과 코와 혀와 입과 두 귀와 두 손과 두 발과
모든 오장육부의 곳곳의 자리에서
비롯됨을 알게 하소서.

부처님 저의 온몸으로
부처님의 가르침을 바르게 인식케 하소서.
크신 사랑과 은혜가 필요합니다.
부처님의 은혜로
저의 성품이 깨끗하여지기를 간절하게 원하옵니다.
오직 바른 삶의 길로 들어서게
가르침으로 인도하시고
저로 하여금 삶에 대하여
변명하는 어리석음 범하지 않게 하소서.
저의 잘못됨을 깊이 참회하게 하옵소서.
참회하고 또 참회하오니 받아 주옵소서.

옴 살바 못자모지 사다야 사바하
옴 살바 못자모지 사다야 사바하
옴 살바 못자모지 사다야 사바하

삶을 아름답게 노래할 줄 아는 자 되게 하소서

아름다운 세상 가운데
스스로 인내하는 참을성과
모든 일에 대하여 최선을 다하는
지혜로운 마음으로 살아가게 하소서.
삶 가운데 오는 모든 역경계의 고난과 아픔
저 들녘에 작은 모습으로 피어난
들꽃의 아름다움같이
낮은 모습으로 작은 몽우리 곱게 새 단장하여
고운 마음 꽃 피울 줄 아는 마음 되게 하소서.
꽃을 오가는 벌과 나비같이
함께하는 참된 행복을 알게 하시고
성장의 기쁨보다는 새싹의 위대한 모습을
먼저 알게 하소서.
작은 시작에서 결실의 열매가 자란다는
긍정적인 생각을 갖게 하옵시고
바람길 오가며 입으로 품어지는
모든 소리의 독을 먹어도
지혜로운 삶에 농부는
생각과 마음이 쉽게 요동치 않으며
저 푸른 하늘과 같이 넓고 큰마음으로
뭉게구름 이불 만들어 따뜻하게 덮어주고
참 사랑의 포옹과 온유하고 자비로운 마음으로

마음에 상처를 주지 않으며
모든 자리 치료하여 주는 자 되게 하소서.
아름다운 꽃과 같은 마음으로 생각하고 말하는
향기 나는 삶이 되게 하옵소서.
초심의 마음을 잃지 않는
겸손한 마음을 소유케 하시며
교만함을 물리쳐 주사옵고
어려움과 고통 속에
낙망하거나 포기하지 않는 자 되게 하소서.
들풀 사이를 오가며 노래하는 작은 풀벌레같이
삶을 아름답게 노래할 줄 아는 자 되게 하소서.

임이시여

때로는 세상을 살아가며 내 힘으로 되지 않음에 힘들어 하고
바꿀 수 없는 것을 바꾸려 욕심내며
받아들여서는 안 되는 줄 알면서도
사람이라는 핑계 아닌 핑계로 답하려 하는 어리석음
이제 지혜롭게 벗을 줄 아는 용기를 주소서.
임이시여
받아들이는 평온을 배우게 하시고
내 힘으로 바꿀 수 있는 것은 바꾸는 용기를 심어주소서.
또한 그 차이를 구별하는 지혜를 주옵소서.
임이시여…
하루하루 평온 속에 살게 하시고
순간순간 지혜로움 가운데 참 마음의 삶을 누리게 하시며
모든 고통을 스스로 깨달으며
그 가운데 평화에 이르는 길로 받아들이게 하옵시고,
스스로 만드는 어리석은 죄로 물들지 않게 하시며
보이지 않는 허상에 맹신을 강요받지 않게 하시며
죄인이 아님을 깨닫게 하시어
밝음 가운데 맑은 하루를 거둬가는 평온을 주소서.
임이시여 나의 님이시여
이 세상을 살아가며 모든 것이 내 원대로가 아니라
임과 같이 있는 그대로 받아들이게 하옵시며,
자신의 뜻에 순종할 때

당신께서 모든 것을 바로 세워 주심을 의지하게 하셔서
이승에서는 사리에 맞는 행복을
저승에서는 다함이 없는 행복을
깨달음 가운데 영원히 누리게 하옵소서.
참된 삶의 자리를 위하여
스스로 하심을 근본으로 알게 하시며
부질없는 욕심 가운데 재물의 노예가 되지 않게 하시며
스스로 만든 삶의 함정에 빠지지 않게 하소서.
오늘도 사랑 가득한 임의 가르침 가운데
평온이 가득한 하루가 되게 인도하시고
나의 삶 가운데 참 마음의 주인이 되게 하시며
나의님께서 삶 가운데 주인이게 하소서.

기도 1

거룩하신 부처님
오늘을 살아가며 가르치심을 따르고자
수없는 날들을 정진하고 또 정진하였습니다.
참 삶의 길이 무엇인지,
동진 출가의 자리는 무엇이었는지…
절집 들어와 혹시 부처 행세하며
까막고기 입에 물고 중 노릇 하지나 않는지
중 노릇 제대로 하는지…
나날이 시간은 흐르고 결가부좌 틀고 앉아 몇 날을 자리하고 있어도
답은 찾을 길 없고… 이 답답함을 어디 가서 푸를꼬!
다시 또 날이 밝아오니
오늘을 또 책임져야 할 것 아닌가.
오늘 하루는 몇 중생을 속여야 이 하루가 다 갔다고 말할 것인가.
부처님…
이제 이 마음 열기가 무섭습니다.
어이해야 하는지 그 답을 내려 주소서.
가르치심 안에서 우리를 친절히 만나주시는 부처님
넘치는 진리의 빛으로 나의 눈을 열어주시어
세상에 어둠을 밝히고 진실한 마음 가운데
당신의 지혜의 빛을 전하게 하시고

나의 귀를 열어주시어 거짓 없는 진실에 소리를 들으며
나의 영혼이 맑아지는 가운데 당신에 진리의 말씀을
모든 중생들과 함께 듣게 하시며
나의 마음을 열어주시어 당신에 참 생명의 거룩함 가운데
나의 모든 행이 청정하며
청정함 가운데 모든 중생의 마음을 받아 안게 하소서.
그리하여 가르치심에 진실한 자리가 얼마나 넓고 높고 깊은지
모든 중생들 마음 가운데 깨달아 알고
인간의 모든 지식을 초월한
부처님 그 가르치심의 크신 자비와 사랑에 대한 뜨거운 감동으로
나와 모든 중생들 모든 일상생활 가운데
새로운 기쁨과 당신의 가르치심에 능력이 크게 빛나게 하여 주시며
오늘 하루도 모든 중생들과 함께
부처님의 가르치심에 큰 영광을 전하게 하소서.

마하반야바라밀

기도 2

거룩하신 부처님
오늘을 살아가는 사람들의 삶 속에서
너무도 많은 자리에서 상처받고
어려움에 빠지는 모습을 보았습니다.
스스로의 마음 가운데
스스로의 마음을 사랑함이
너무나 부족하기에 오는 상처이며,
부질없는 욕심에서
비롯됨을 보며 깨달아 왔습니다.
스스로의 마음을 사랑함이
상처 받은 마음을 치유할 수 있음을
잘 알고 있습니다.
그리고 스스로의 마음 가운데
행의 원천을
잘못 다스림에 상처를 받으며
그 가운데 고통을 느끼고
힘든 나날을
살아가야 한다는 것도
너무도 잘 알고 있습니다.
상처를 받고 실의에 젖어
나날이 나를 사랑함에 부족하던 마음
부처님 그 자비하신 숨결 가운데
가득하신 사랑에 원천
부족하던 제가
이제 수행과 정진 가운데

참 진리 깨달고
지금까지 소유하며 살아왔던
마음의 부질없는 욕심 버리며
더불어 함께하는 모든 중생들에게
자비의 마음 가운데
심어지는 사랑은
돕는 마음과
위로하는 마음을
만들어 준다는 사실을 전하며,
상처를 받아
텅 비어버린 마음을
자비로운 마음에 사랑이
행복으로 가득 채워준다는
사실을 전하며 살아가겠습니다.
자비로운 마음에 사랑을 베풀면
상처받은 마음이 빨리 회복하며
상처를 받았던 사람의 마음에서
자비로운 사랑에 마음이 싹터
그 사랑은 많은 중생들의
마음에 불성이 되고
자비로운 마음이 되어
파문처럼 퍼져간다는
진리를 바르게 전하겠습니다.
마하반야바라밀

늘 저희에게
자비로운 마음에 사랑이
마음 가운데 있다 하시며
어리석은 중생심을 버리라
전하여 주시는 부처님,
이제 상처 받은 사람들을
사랑할 수 있게 하여주심
감사드립니다.
마하반야바라밀

앞으로 더욱 정진하여
모든 상처받은 중생들의
말을 들어주고
그 마음을 알아주며
그 상처를 치유시키는
전령이 되겠습니다.
마하반야바라밀

우리의 삶을
자비로운 마음에 사랑으로
건강하게 만들어가겠습니다.
남의 상처를
고통스럽게 만들지 아니하며
오직 자비로운

마음의 사랑으로
감싸 주겠습니다.
마하반야바라밀

중생의 마음에 상처를
치유해줄 수 있는 사람이 되며,
어떠한 난관 속에서도
삶을 용기 있게
헤치고 나가는 사람이 되도록
인도하여 가겠습니다.
마하반야바라밀

남의 상처를 치유해줄 수 있어야
자신의 상처도
치유 받을 수 있다
가르침 주시는 부처님
너무도 감사합니다.
마하반야바라밀

우리의 삶을 변화시키는 힘이
자비로운 마음에 사랑이라
일러 주시는 부처님 감사합니다.
마하반야바라밀

앞으로 우리가 살아가는
세상의 중심
상처받지 않는 삶이길 바라오며
사람의 마음을 이해해주고
감싸 줄 줄 아는 자비의 마음
사랑 가운데 더욱 견고하도록
인도하시고 이끌어 주소서.
그리고 그들이
한밤중에도
편안하게 잠들 수 있고
여명의 밝음 가운데
아침에는 더욱 큰 희망을 갖고
웃는 얼굴로 일어날 수 있도록
인도하소서.
마하반야바라밀

새롭게 시작되는 오늘도
자비로운 마음의 사랑
그 중심 가운데
모든 중생들
더욱 희망 넘치게
인도하소서.

마하반야바라밀

제5부

하루를 열어가는 아침기도

하루를 시작하는 아침기도

거룩하신 삼보 전에 두 손 모아 이 아침기도드립니다.
다시 새날을 맞이하게 하여주심 감사드립니다.
새 희망을 열고 힘찬 시작을 세상에 알리며
오늘 하루를 성실하게 살아가겠습니다.
늘 푸른 소나무처럼
한결같은 부처님 마음을 지니게 해 주사옵고
원한의 마음까지 자비로운 사랑의 마음으로 변화하여
남을 비판, 정죄하지 않게 하옵시고,
편견과 선입견으로 남을 보지 않게 하시어
자비와 큰 사랑을 지니신
너그러운 부처님의 마음을 지니게 해주시옵소서.
자신이 맡은 지극히 작은 일이나 큰일에도
최선을 다하는 성실한 모습으로
노력을 다할 수 있게 해 주시옵고
역경과 시련이 닥쳐와도 쉽게 좌절하지 않고
견디어 내는 인내심을 소유하게 가르침 주소서.
모든 고난과 아픔 뒤에는 반드시 행복이 온다는
긍정적인 생각을 갖게 하옵시고
언어의 독을 먹어도 마음이 쉽게 요동치 않고
넓은 하늘과도 같은 마음으로 따뜻하게 포용할 수 있게 하옵시고
온유와 자비로운 마음으로 남의 마음에 상처를 주지 않고
항상 부처님의 가르치심 가운데 생각하고 말하는

연꽃향기 나는 삶이 되게 하옵소서.
겸손한 마음을 항상 소유하며
어리석고 교만함을 물리쳐 주시옵소서.
어려움과 고통 속에 낙망하거나 포기하지 않고
앞으로 닥칠 더 큰 어려움을 이겨낼 용기와 지혜를 주시옵소서.
남의 아픔도 살펴 볼 줄 아는
넓고도 깊은 부처님의 심성을 갖게 해주시옵소서.
나의 삶의 목적이 오직 내세에 소망을 두며
부처님의 가르치심을 항상 새기고
참된 삶이 되기를 간절히 원하고 원하옵나이다.
오늘 나의 기도가 참된 진리를 구하는 자리가 되게 하시고
오직 감사드리며 날마다 부처님을 섬기는
즐거움으로 살게 하옵소서.

마하반야바라밀

하루를 시작하며 1

두 손 모으며 이 아침 부처님 전에 기도드립니다.
새롭게 시작하는 이 하루도
가르침 안에서 깨어 있는 하루가 되게 하소서.
때로는 삶이 어리석은 욕심으로 분주하고
분별없는 생각으로 여유가 없을지라도
참회의 마음 놓지 않고 거짓됨을 버리는 기도를 하게 하소서.
자신의 아상과 아집에 취하여 자기 이익만을 추구하거나
어리석은 생각의 자리에 자신만을 위한 욕심을 만들어 두고
빛이 없는 어둠에 갇혀 불안에 빠져 있지 않게 하옵소서.
수많은 일들로 마음에 여유가 없을지라도
초심에 마음으로 성실함을 위하여 기도하게 하소서.
더불어 함께하여 주는 고마운 인연을 위하여
수시로 대화를 나누고 서로의 진실한 마음을 나누며
잠시 멀어졌던 소통의 발길을
한 걸음씩 더 가까이 다가서게 이끌어 주옵소서.
막연한 생각으로 자신의 이해를 바라기보다
함께 자리하는 시간을 통하여 건강한 미래를 만들어가게 하옵소서.
서로의 부족한 이해와 무관심과 소외가
얼마나 서로의 마음을 슬프게 하고
아프게 하는지 알게 하옵소서.
삶에 일어나는 갖가지 일들을
함께 생각하고 나누고 기도하는 시간을 통하여

서로가 서로의 마음을 알아가고
더불어 함께 살아가는 삶의 자리에
꼭 필요한 존재임을 더 깊이 깨달아가게 하옵소서.
서로 마음을 같이하지 못하면 모든 것을 다 갖추어도
어둠에 그늘이 생기고 절망의 늪이 만들어짐을 알고
보다 더 서로의 만남에 인연을
소중하게 생각하고 감사하게 하옵소서.
삶의 진실한 대화를 주고받으므로 서로가 믿고 신뢰하며
관심 있게 살아감의 중요함을 깨달아가게 하옵소서.
우리가 서로 부처님의 자비하신 사랑을 배움으로
늘 건강하고 복된 삶을 살아가게 하옵소서.
우리가 서로 바른 불자의 믿음으로
진실한 사랑을 나누어 늘 행복하게 하옵소서.
우리의 진실한 마음의 사랑이
연꽃과 같이 아름다운 향기로 피어나게 하옵소서.

마하반야바라밀

하루를 시작하며 2

나의 부처님
저는 진실한 부처님 제자가 되기를 원합니다.
삶의 자리에서 나의 연약한 의지를 금강석같이 강하게 하소서.
간절한 마음으로 참회의 기도를 드리오니
부족한 삶 가르침에 진리로 채워 주시고
당신께 드리는 기도 당신의 감미로운 법향으로
나를 정화시켜 부처님의 가르침의 자리로 이끄소서.
부처님의 자비하신 사랑의 품으로 저를 인도하소서.
저는 너무도 부족한 나 자신과
나의 어리석은 판단으로
삶이 얼마나 단단히 얽매여 있는지 모릅니다.
오! 나의 부처님 사생의 자부이시며 참된 대자유인이시여!
대자유가 있는 그곳을 찾는 자 되게 하소서.
가르침에 진리를 알고 그리하여 대자유가 없는 곳에서는
거짓된 행복이 숨겨져 있음을 알아가게 하소서.
모든 일에 대하여 부처님을 의지하고
부처님 이외에는 아무도 의지하지 않는 자가 되게 하소서.
오, 나의 부처님이시여!
삶의 진리를 내게 주셨습니다.
저는 저의 진실한 마음을 당신께 드리기를 주저하지 않습니다.
부처님은 자비하신 사랑의 품으로 저를 품어주셨습니다.
자비하신 모습이 저로 하여금

가족과 이웃을 진실한 마음으로 사랑하도록 만들어 주셨습니다.

저의 부족한 마음을 채워주시고

경책의 자리에서 저의 약점을 참회의 기도로 덮어 주셨습니다.

부처님! 당신은 가르침에 법향으로

모든 어리석음을 감싸주시는 분이십니다.

오, 나의 부처님!

이 아침 참회의 기도를 드리며 저는 당신 앞에 두 손 모아 발원하옵니다.

오늘 하루도 가르침의 자리에서

부처님의 은혜에 큰 기적이 될 수 있는 그런 자리 되게 하소서.

부처님은 나의 부족한 모든 것을

가르침의 법향으로 가득 채워 주십니다.

그리고 내 안에 부처님의 자비하신 사랑의 모습이 담겨 있습니다.

오늘 하루도 참 불자의 모습으로

초심을 잃지 않는 그런 하루가 되게 하옵소서.

마하반야바라밀

하루를 열며 드리는 아침기도

거룩하신 부처님,
이 아침 두 손 모으며 기도드리옵니다.
오늘 하루도 부처님의 가르침을 따르고
참된 믿음의 불교인으로 살아가게 인도하소서.
세상 그 어떤 유혹에도 어리석음으로 물들지 않게 하시며
그릇된 자리에서 지혜롭게 벗어날 수 있도록 인도하소서.
오늘 하루도 저의 입에서 구업을 짓는 행동 보이지 않게 하소서.
독기 어린 비판의 소리를 낼 때
저의 모습을 먼저 생각하게 하시고
잔인한 판단을 하려 할 때
저의 행동을 먼저 생각하게 하시며
갈고리 같은 말로 다른 사람에게 상처 주고
그것을 보고 통쾌해 하는 못된 마음으로부터
저를 바른길로 인도 하시고
저의 몸과 마음을 바르게 지켜가게
가르침으로 경책하여 주소서.
저의 입에서 거짓됨과 막말과 비난에 소리를 내려할 때
바른 말 하는 자의 입이 되게 하소서.

오늘의 생활 가운데 불친절한 말과 행동으로부터 저를 지키게 하소서.

모든 판단의 자리에서 지혜의 문을 열어 바른 판단을 하게 하소서.

그 어떤 비판도 함부로 소리내지 않게 하시고

항상 친절하고, 너그럽고, 지혜롭고,

향기 가득한 말을 할 줄 아는 자 되게 하소서.

부처님의 제자답게 부드러운 내면을 소유하게 인도하시고

그 어떤 사람과도 자유롭고 평화로운 가운데 행복하게 지내며

말할 때나 행동할 때나 한 송이 연꽃과 같이

아름답고 향기로우며 환한 미소 가득한 자 되게 하소서.

기도와 정진 가운데 제 안에 따뜻한 자비의 마음을 심게 하시어

약함을 이길 수 있는 가르침에 금강석 같은 힘을,

모든 분쟁을 극복할 수 있는 부처님의 감로수가 뿌려지는 평화를,

슬픔을 이길 수 있는 부처님의 따스하고 부드러운 손길에 기쁨을,

증오를 물리칠 수 있는 부처님의 자비하신 사랑

에 품속을,
그리고 약함을 이겨나갈 수 있는 모든 스님에 관심 어린 인도를
간절한 마음으로 닫힌 문을 활짝 열고
오늘 이 아침 두 손 모으며 기도드리옵고 간청하옵니다.
변함없이 인도하시고 가르침 주옵소서.

마하반야바라밀

하루를 열어가는 기도

오늘 하루를 시작하며
부처님께 귀의하고
그 가르침에 귀의하며
항상 저희를 바른 삶과 믿음의 자리로 인도하여 주시는
스님들께 귀의합니다.
오늘 하루도 어리석음에 물들지 않는 자리가 되게 하시며
초심의 마음으로 새로운 하루가 시작되도록
인도하여 주옵소서.
부처님 내려놓는 마음이
항상 함께하도록 하옵소서.
그동안의 흘린 땀과 노력이 아까워서
어리석은 생각으로 물들어가지 않게 하시며
부질없는 욕심에 저의 마음이
상처받지 않도록 지켜 주옵소서.
하심의 마음으로 생활하게 하시고
새로운 길로 갈아타더라도
내려놓는 지혜 속에
가벼운 마음으로 행하는
여유로운 자 되게 하소서.
욕심에 젖어서
진정 행할 수 있는 일들을 행하지 못하고
힘들어하는 자 되지 않게 하시며

잘못된 일을 계속 짊어지고 살아가는
어리석은 자 되지 않게
지혜로운 가르침으로 인도하소서.
그동안의 흘린 땀과 노력은 현명한 판단 속에
새로운 길로 오기까지에
모든 노력을 위하여
최선을 다하게 하시고
욕심 없는 마음에 땀과 노력이었다는 사실도
잊지 않게 하옵소서.
때로는 과감하게 버리는 마음도 소유하게 하시어
그동안의 흘린 땀과 노력이 아깝더라도
마음을 비우고 새로운 자리에서
다른 길을 찾을 줄 아는 자 되게 하옵소서.
아무도 원망하지 않는 마음으로 살아가게 하소서.
모든 결과는 나로부터 시작됨을 알아가게 하소서.
괜찮아요. 힘들어 하지 마세요.
이렇게 마음자리 위로하는 여유도 갖게 하소서.
오늘 하루도 부처님의 가르침을 마음자리에 담으며
지혜로운 생각으로
희망찬 하루가 되게 인도하여 주옵소서.

마하반야바라밀

하루를 열어가는 아침기도 1

변함없는 초심의 마음으로 두 손 모으며
깨달음에 진리를 구하고
마음에 지혜를 찾는 자와 함께하시는 부처님
오늘도 변함없이 자비하신 손길로 함께해 주옵소서.
삶의 길에서 부처님 전하여 주신
크신 가르침이 모든 자리에서 빛나게 하옵소서.
마하반야바라밀

처처의 자리에서 부질없는 욕심에서 비롯되는
무겁고 괴로운 마음의 시름에서 건져주시고,
때로 찾아오는 좌절로 인한 육체의 고통 속에서
자비하신 사랑을 베푸시어 삶의 지혜를 얻게 하옵소서.
주어진 시간이 영원하지 않음을 알게 하시고,
부모와 자식 친구 그리고 이웃들과 나누는 순간들이
인연의 소중함 속에서 모든 자리를 아름답게 가꾸어 가도록
나의 마음을 초심의 자리에 항상 머물게 하옵소서.
마하반야바라밀

그릇된 마음의 행을 참회하게 하시고,
진실한 참회의 기도를 들으시고
청정심에 마음자리로 인도하여 주옵소서.
부처님 제자로 거듭나는 불제자 되게 하여 주옵소서.

비우고 버리는 가운데 지혜로운 마음 가득 담게 하시고
아름답고 밝은 자리에서
대 자유인의 행복을 누리게 하옵소서.
옳지 않은 것에 붙들리지 않게 하시고
자신의 것이 아닌 것을 탐하지 않게 하옵소서.
부처님의 가르침을 성실히 닦고 배우게 하옵소서.
어느 순간, 어느 곳에서나
부처님 베풀어주시는 자비하신 사랑을 잊지 않게 하시고
좌절과 절망으로 쓰러질 때
부처님이시여 바르게 잡아 구원하여 주옵소서.

마하반야바라밀

하루를 열어가는 아침기도 2

거룩하신 부처님께 귀의합니다.
거룩하신 가르침에 귀의합니다.
거룩하신 스님들께 귀의합니다.
오늘 하루도 삼보님의 자비하신 품에서
떠나지 않는 하루가 되게 저희를 인도하여 주옵소서.
부처님 우리의 삶속에 생각과 언행으로
알게 모르게 많은 업을 초래하며 살아갑니다.
부처님의 가르침을 올바르게 인식하지 못하는
어리석음 경책하여 주사옵고
모든 일에서 너무 자신의 뜻에만 치중하며
나의 주관에만 중심을 두며 가리지 않게 하시고,
범사에 부처님의 가르침을 높이 드러내며
초심의 마음으로 일할 줄 아는
복된 삶이 되게 인도하옵소서.
이웃을 판단하기보다는
자비로운 마음으로 사랑하고 포용하게 하셔서
부처님의 가르침을 바르게 전하여
모든 인연의 만남이 헛되게 되지 않도록 인도하옵소서.
내 이웃을 향해 불평과 원망을 하고만 있었다면
이 시간 바른 서원과 참회의 기도 가운데
용서를 구하는 자리 되게 하옵소서.
세상을 향하여 바른 삶의 근본이 되게 하시고

초심의 자리에서 지혜로운 모습 되게 하시며
모든 이웃과 삶의 자리에서 유익과 도움이 될 수 있는
나눔의 삶이 되게 인도하옵소서.
어리석은 행동으로 능력이 부족하오니
기도 정진으로 가르침을 더욱 깊이 새기게 하시어
삶의 지혜로운 초심의 능력이 나타나게 인도하여 주옵소서,
저의 마음이 부처님을 닮아가게 하시고,
오늘 하루도 가르침을 실천하는 생활,
기도 정진의 생활로 초심의 자리에서
기쁨을 찾게 하여 주옵소서.
날마다 기쁨이 넘치게 하여 주옵소서.
감사하는 마음이 가득케 하옵소서.
부처님에 은혜가 모든 자리마다 충만케 하옵소서.
우리의 삶에 부처님의 가르침이 가득한 가운데
대 자유인의 큰 행복이 넘치게 하여 주옵소서.
두 손 모아 이 아침 삼보 전에 기도드리옵니다.

마하반야바라밀

하루를 열어가는 아침기도 3

자비하신 부처님
오늘도 하루를 시작하며
삼보 전에 두 손 모아 기도 드리옵니다.
모든 하루의 일을 부처님 가르치심에 따르려 하오니
저의 기도를 들어 주소서.

'내 허물을 지적하고 꾸짖어주는
지혜로운 사람을 만났거든 그를 따르라
그는 감추어진 보물을 찾아준 고마운 분이니 그를 따르라
그런 사람을 따르면 좋은 일이 있을뿐
나쁜 일은 결코 없으리라.'

듣고 배우며 따르는 믿음으로
반복되는 일상 속에서도 늘 깨어
기도 정진이 떠나지 않게 하시어
게으름에 물들어 어리석은 가운데
잘못된 습관으로 살지 않게 하소서
오늘 하루도 더욱더 마음을 다스려 가며
모든 일을 부처님의 뜻을 알아가며 행하게 하소서
오고 가는 시간 만나고 헤어지는 생활 속에서
더욱더 인연의 소중함을 알게 하시며
세상의 잣대에 익숙해진 마음을 돌이켜서

진실한 마음으로 평등한 삶을 바라보게 하소서.
강팍하고 굳어지는 마음을 늘 경계하게 하시고
부처님의 자비하신 사랑을 따라 살게 하소서.
고개 들어 온갖 고통 속에 있는
이웃들의 모습을 바른 눈으로 보게 하시고
베푸는 마음을 항상 갖게 하소서.
인내와 자비로운 마음으로 살게 하시고
모든 일에 대하여 말보다는 실천하게 하소서.
그리고 올바른 행동을 보이게 하소서.
이 세상에서 해야 할 일이 진정 무엇인지
마음자리 헤아려 참 지혜를 얻게 하소서.
오늘 하루도 부처님의 가르침을 배우고 실천하며
참 불자의 모습으로 성실한 마음으로 살아가게 하옵소서.

마하반야바라밀

하루를 열어가는 아침기도 4

자비하신 부처님
오늘도 잠 깨어 먼저 부처님 바라보게 하심을 감사드립니다.
부처님을 향한 마음으로, 기도하는 마음으로
하루의 첫 순간을 열어가며
부처님과 그 가르치심과
항상 저희를 부처님의 가르침의 자리로 인도하여 주시는
승단의 모든 스님들께 두 손 모아 귀의하오며
새로운 하루를 맞이하게 하심을 감사드립니다.
오늘도 부처님의 가르치심으로 지혜롭게 살아갈 수 있도록
저의 모든 자리를 바르게 인도하여 주시옵소서.
새롭게 시작하는 오늘도 제가 나아갈 길을
자비하신 자명등 불빛으로 밝혀주시고
영원한 지혜의 자리로 이끄시어
슬기롭게 살아가는 삶의 자리가 되게 하소서.
오늘도 순간순간 어떻게 살아야 할지 모를 때,
모르고도 앞으로만 나아갈 때,
부처님 지혜의 등불 밝은 자리로 인도하소서.
아상에 젖고 적은 이익과 탐욕에 마음은 바빠지며
바쁜 마음에 잘못된 생각과 말로 상대에게 상처를 주려 할 때
부처님의 가르침이 무엇인지 먼저 생각하게 하시어
어두움의 그림자에서 벗어나게 지혜의 빛 밝혀 주소서.
부처님 자성의 지혜로 인도하소서.

크고 작은 일의 결정에서 조용히 물러서
부처님의 뜻을 먼저 묻게 하소서.
늘 사려 깊게 행동하게 하시고
물러날 때와 나아갈 때
진정 부처님의 자비하신 사랑의 손길을 생각하게 하소서
부처님의 가르침을 묻고 나의 말과 행을 참회하며
부처님의 가르침에 뜻을 듣는 바른 불자가 되게 하소서,
부처님 힘들고 어려울 때
부처님 앞에서 숨지 않게 하시고
자신으로부터도 숨지 않게 하소서
밝고 명확한 가르침의 지혜로 모든 것을 살피게 하시고
늘 기도와 정진으로 참회의 마음자리 깨어 살피고
부처님의 인도하심으로 힘차게 나아가는 자 되게 하소서.
오늘 해야 할 일과 계획, 사람들과의 만남 속에서
부처님의 가르침의 지혜로 힘차게 나아가는 자신이 되게 하소서.

마하반야바라밀

하루를 열어가는 아침기도 5

이 아침 두 손 모으며
삼보님께 기도드립니다.
오늘 하루도 부처님에 가르침을 마음자리 새기며
지혜로운 생각으로 하루를 새롭게 시작하도록
인도하여 주옵소서.
살아가는 자리에는 수많은 걱정과 근심이 있습니다.
세상을 열어가는데
걱정 없이 열어가는 사람은 아무도 없습니다.
대부분의 사람들이 명예와 돈, 탐욕의 망상과
각종 질병과 사회적 불안요소에 대한
걱정을 안고 살아갑니다.
모르고 범하며 살아가는 것이 아닙니다.
어리석은 생각 부질없는 욕심에서 비롯됨을
모두가 알고 있습니다.
부질없음을 깨달아 갈 줄 아는
지혜의 법을 설하여 주소서.
욕심이 불러오는 걱정, 근심을 깨닫게 하소서.
이 문제 해결을 위한 가르침을 내려 주소서.
내려놓는 여유 있는 마음을 소유하는 하루가 되게 하소서.
내려놓는 지혜의 마음이 없으면
삶의 자리가 더욱 어렵고 힘들어지며
모든 일에 고통을 가중시켜

마음자리에서 떨쳐내기가 쉽지 않음을 알게 하소서.
부질없는 욕심에 의해 문제가 생길 때
걱정, 근심이 생기고
또 떨쳐내기 어려운 마음이 작용할때
그 문제 상황을 내 삶에 불필요한 나쁜 것으로
생각하고 받아들이기 때문임을 알아차림 하게 하소서..
몸에 좋은 약은 입에 쓰기 마련이고
무쇠는 수많은 다듬질을 통하여 명검으로 탄생한다 하였습니다.
지혜로운 마음을 열고
부처님의 가르침을 따르고 배워서
모든 근심 걱정에서 오는 고통을
행복이란 열매의 씨앗이 되게 하는
마음을 소유하게 인도하소서.
따라서 일상에서 어렵고 힘든 일이 생길 때
참회의 마음으로 기도 정진하여
모든 걱정, 근심을 떨쳐버리고
나에게 유익하고 좋은 것으로
생각하고 받아들이는 지혜의 마음 열게 하소서.
오늘 하루도 부처님이 인도하여 주셔서
밝고 환한 미소가 가득한 자리가 되게 이끌어 주소서.

마하반야바라밀

하루를 열어가는 아침기도 6

거룩하신 부처님과 가르치심과 스님들께
이 아침 두 손 모으며 기도드립니다.
나의 삶 속에서
부처님의 가르침과 인도하심을 감사드립니다.
하루하루 계획된 일정 속에서
부처님의 가르치심에 귀 기울이게 하시고,
보고 듣는 모든 것을
초심의 마음으로 받아들이게 하시고
부처님의 자비하신 품 안에서
바르고 기쁨이 넘치는
행복한 삶이 되게 인도하소서.
오늘 하루도 마주하는 사람들에게
부처님 모습 닮은
자비로운 미소를 짓게 하시고,
부드러운 말과 거짓됨 없는 대화가 오고 가게 하시며,
부질없는 아상과 아집으로 인하여
심한 오해와 어려운 상황을
만들어가지 않게 하시고
모든 일에 대하여 최선을 다하는
노력과 인내를 보이는 바른 행이 되게 하소서.
그리하여 나를 통하여 모든 사람들이
부처님의 바른 제자의 맑은 향기를 맡고

바른 믿음인의 모습을 보게 하소서.
교만과 욕심에 빠져 살아가는
어리석은 자 되지 않게 하소서.
항상 먼저 실천하는 모습 보이게 하시고
바른 모습으로 타협하는
지혜로운 마음을 보이게 하시여
초심의 순수함을 지켜가게 하소서.
매 순간마다
부처님의 가르침을 믿고 따르는
그런 삶을 살게 하소서.

마하반야바라밀

하루를 열어가는 아침기도 7

저와 함께하여 주시는 부처님
이 아침도 부처님께 두 손 모으며 기도드립니다.
항상 저의 기도를 들어주시는 부처님 은혜 감사드립니다.
오늘 하루도 어리석음에 물들지 않게
이 기도의 소리 들으시고 긍휼히 여기시어 자비를 베풀어 주옵소서.
어리석은 마음의 생각을 버리고 지혜로운 생각으로
모든 일을 해결하여 갈 수 있도록 일깨워 주옵소서.
나태함에 빠지거나 답답한 마음 버리게 하시고
밝은 빛 아래서 희망을 잃지 않는 마음 되게 이끌어 주옵소서.
오늘 하루도 매 시간마다 참회의 마음 버리지 않게 하옵소서.
세상에 대한 욕심과 슬기롭다고 재물 모으는 것 아닌 줄 알게 하소서.
먼저 초심을 잃지 않는 마음과 참된 의를 구할 때
삶에 가치를 알게 되고 대 자유인이 되어
더욱 견고한 믿음 안에서
행복한 삶을 살아갈 수 있음을 깨달아 가게 하옵소서.
모든 일에 임할 때 겸손함을 잃지 않게 하시고

부처님의 가르침과 바른 믿음이 중심이 되는 가운데
저의 마음의 문을 두드려 열게 하시고
내려놓는 지혜 속에 저의 행이 이뤄지게 인도하소서.
부처님의 가르침에 따르는 자 되길 원하옵니다.
부처님의 뜻에 따라 살아가는 자 되게 하시며
가정에서나 사회에서나 늘 기도하는 마음으로 참회하고
일깨워 주심과 돌보심 가운데
세상 삶의 시달림 속에서 벗어나 살아가게 이끌어 주옵소서.
가르침의 중심에서 행복한 삶을 이루고
자비하신 손길로 잡아 주시어
기쁨과 평강과 소망과 사랑이 넘쳐나는
행복한 나날이 되도록 이끌어 주옵소서.
그리하여 가정에서나 사회에서나 부처님 제자의 신분으로
참되게 살며, 의롭게 행동하고
자비로운 사랑이 넘쳐나는 가운데
약한 자에게는 힘이 되게 하시고 좌절하는 자에게는 희망을 주며

없는 자에게는 나누어 주는 자 되게 하시고
천하고 속박 받는 이에게는
높여 대할 줄 아는 자 되는 삶을 살아가게 하옵소서.
모든 일 부처님의 가르침 가운데 행하게 하시고
지혜로운 하루가 되게 인도하옵소서.

마하반야바라밀

하루를 열어가는 아침기도 8

오늘 하루도 부처님의 가르침으로 마음밭 돌보며
두 손 모아 기도드립니다.
부처님 마음을 품고 오늘도 하루를 설계하며 살게 하시는 부처님
부처님 저로 하여금 부처님의 가르침을
오늘 하루도 온전히 순종하여
부처님의 자비하신 손길에 귀히 쓰임을 받을 수 있도록
항상 가르침과 기도로 준비하고 깨어 있는
지혜로운 삶을 살게 하소서.
저의 어리석은 행동은 참회하는 가운데 알아가게 하시고
저의 착한 행실을 통하여 바른 삶에 모습이 드러나게 하소서.
어려운 환경에 낙심하고 힘들어 할지라도
결코 낙심하며 좌절하지 말게 하시고
매 시간 기도하는 마음 가운데
항상 기쁨과 감사가 가득한 믿음의 마음으로 살아가게 하소서.
부처님에 가르침의 뜻을 밝히 헤아려
그 뜻에 온전히 따르고
바른 행을 보이는 자가 되게 하소서.

한 알의 밀이 되어 이 세상 모든 자리에
아름다운 연꽃과 같이
고운 향기를 전하는 마음을 가지고 살게 하소서.
부처님의 자비하신 행을 올바로 알게 하시고
부처님의 뜻이 무엇인지 지혜롭게 분별하여
부처님께서 모든 승단의 스님들을 통하여 전하여 주시는
가르침의 온전하신 뜻을 이루어 드리는 삶을 살게 하소서.
부처님의 가르침을 이용하여
어리석은 행을 보이는 자 되지 않게 하시고
부처님의 가르침을 따르는 자는
결코 후회하지 않는다는 사실을 알게 하소서.
부처님의 자비하신 마음은 선하시고
기쁨을 가득 소유하게 하십니다.
거룩하신 부처님의 뜻에 순종하면서 살 수 있도록
가르침의 은혜를 베풀어 주소서.
이 땅을 환하게 밝힐 수 있는 부처님의 바른 제자의 삶을 살게 하소서.
금강석과도 같이 강하고 담대하고 굳센 믿음으로
가르침의 거룩하신 뜻을 많은 사람들에게 전하게 하소서.

진리의 가르침을 믿음과 참회와 자비로운 사랑 가운데

나의 삶을 통하여 부처님을 향한 바른 믿음의 자리가 완성되게 하소서.

마하반야바라밀

하루를 열어가는 아침기도 9

참된 진리 한 분이신 부처님을 저는 믿으오며
이 아침 두 손 모아 기도드립니다.
거룩하신 부처님,
하늘과 땅과 유형무형한 가르침을 믿나이다.
또한 영원에서 영원으로 마음에 본바탕을 증명하시며
중생의 둘 아님을 보여주심에 크신 자비에 원력을
부처님의 모습과 그 가르치심과 인도하심에 승단을 믿나이다.
부처님 품에서 자라나는 저의 마음의 지혜에 종자
오늘도 그 싹이 튼튼하게 자라도록 감로수로 적셔 주소서.
빛에서 빛으로 참 마음의 주인공에서 주인공으로
오늘을 열고 하루를 창조하여 가는 위대함이
오늘도 나를 중심으로 이루어지며
영원의 자리에서 새로움의 창조에
능력을 키워가는 주인공에 위대함을 알게 하소서.
오늘을 창조하고 무한의 능력을 키우며
자만과 아상을 버린 순수의 마음 그 중심에
참된 나의 주인공이 있음을 알아가게 하소서.
나의 마음으로부터 비롯됨을 믿으오며
그 믿음에 신묘한 지혜를 불어넣어주시는
부처님에 크신 가르침 믿고 따르오며
그 안에 모든 지혜의 능력이 이뤄짐을 믿나이다.
그릇된 오만과 부정의 궁핍함 가운데

요행을 바라는 마음이
세상 마음 가운데 가장 큰 어리석음임을
깨달아가게 하옵소서.
크신 가르침 가운데 지혜 열리고
열린 지혜 가운데 믿음의 마음 금강석같이 변하오며
믿음 가운데 확신이 열리고
모든 뜻 원만하게 이뤄짐을
오늘 이 크신 가르침 안에서 믿으옵니다.

나무마하반야바라밀

하루를 준비하는 마음을 위한 기도

밝아오는 여명을 바라보며 두 손 모아 기도드립니다.

오늘 하루도 믿음에 소중함으로

한결같은 부처님 마음을 지니게 해 주시옵소서.

어리석은 욕망을 버리고 사랑하는 마음으로 행동하게 하시고

남을 비판하거나 편견과 선입견으로 바라보지 않으며

자비와 큰 사랑을 가지신 부처님의 마음을 보이게 해 주사옵고

자신이 맡은 지극히 작은 일이나 큰일에도 최선을 다하여

성실한 모습으로 사회와 이웃을 위하여 최선을 다할 수 있게 해 주사옵고

역경과 시련이 닥쳐와도 쉽게 좌절하지 않고 견디어 내는 참을성과

고난과 아픔 뒤에는 반드시 행복이 온다는 긍정적인 생각을 갖게 하옵소서.

어리석은 소리를 들어도 마음이 쉽게 요동치 않으며

높은 하늘 같은 마음으로 이해하며 생각할 수 있게 하옵시고

자비로운 마음으로 남의 마음에 상처를 주지 않고
항상 부처님의 가르침 안에서
생각하고 말하는 연꽃 향기 가득한 삶이 되게 하옵소서.
항상 초심의 마음으로 고개 숙인 볏단처럼 겸손한 마음을 소유하며
아집과 아상에 물들어 교만함을 보이지 않게 하사오며
어떤 일에도 포기하지 않고 앞으로 닥칠 더 큰 어려움을
이겨낼 용기와 지혜 가득한 금강의 힘을 주옵소서.
남의 아픔도 살펴 볼줄 아는 넓고도 깊은
부처님의 자비하신 사랑에 마음을 갖게 해주사옵고
나의 삶의 목적이 오직 깨달음에 소망을 두며
부처님의 가르침을 따르는 삶이 되기를 간절히 원하고 원하옵나이다.
오늘 나의 기도가 바른 믿음 구하는 기도가 되게 해주심을 감사드리며
날마다 부처님의 가르침을 따르는 즐거움으로 살게 하옵소서.

마하반야바라밀

하루를 준비하는 아침기도 1

두 손 모으며
거룩하신 삼보님께 기도하옵니다.

정구업진언(淨口業眞言) 수리수리 마하수리 수수리 사바하(3독)
발보리심진언(發菩提心眞言) 옴 모지짓다 못다 바나야 믹(3독)

오늘 하루도 부처님의 가르침을 믿고 따르며
깨달음의 저 언덕을 향하여 정진하고 또 정진하옵니다.
이끌어 주시고 초심을 잊어버리는
어리석음 범하지 않게 인도하소서.
항상 저의 마음자리 중심에
부처님 나지막이 임하옵소서.
부처님께서 자비하신 손길 주시여
제가 저의 마음 문 열 때
모든 생각을 이 땅 위에 조용히 내려놓게 하시어
진실함을 버리지 않는 가운데
모든 진리 그 생명의 씨앗이 싹트게 하소서.
높은 데서 낮은 곳으로 임하듯이
아픔 고통 슬픔의 모든 것이

잔잔한 희망의 물결처럼
고요함으로 변화되게 하시고
저의 마음자리 숨 쉬는 모든 곳에
따뜻한 행복이 찾아들게 하여
하늘과 바다 같은
깊고 넓은 큰마음으로 변화되게 하옵소서.
아름다운 삶을 꿈꾸게 하옵소서.
기도 정진하며 생활하는 그 모습이
진실한 마음을 준비하고
기쁨 사랑 아픔의 모든 자리에
알찬 열매를 맺기 위한 밑거름임을 믿게 하옵소서.
바른 믿음의 감로수를 저의 마음에 뿌려 주옵소서.
어두운 곳에 깨달음의 반야에 빛을 내려 주시고
아픈 곳에 기도의 힘을
역경이 있는 곳에
정진하는 불굴의 신념을 심어주옵소서.
오늘 하루도 꿈과 희망을 만드는
조용한 행복 대 자유인의 평화가 되게 하옵소서!

마하반야바라밀

하루를 준비하는 아침기도 2

참 삶의 지혜를 가르쳐 주시는 부처님
이 아침 두 손 모으며 기도드립니다.
오늘 하루도 가르침을 따라 살아갈 줄 아는
바른 불자의 모습을 지켜가도록 인도하여 주소서.
어리석음의 굴레에서 벗어나
지혜의 문을 열고 들어서게 하시고
항상 저의 마음자리 돈독한 믿음으로
금강석 같은 힘을 얻고
삶의 터전에 희망의 집을 짓게 하소서
아상과 아집을 버리고 부처님 마음으로
이 넓고 넓은 세상 아름답게 가꾸고
행복이 가득한 희망의 집을 짓게 하소서.
늘 깨어 있는 마음 되게 가르침 주시며
하심의 자세로 노력하게 하시어
노력의 자리에 커다란 꿈을 그리고
부처님의 자비하신 사랑과 가르침과
스님들의 인도를 받아
몸과 마음자리에
희망의 집을 짓게 하소서.
오늘도 희망 가득한 하루가 되게 하시며
항상 밝은 마음으로 고운 미소를 가득 담아
모든 만남의 인연들에게 희망을 전하는

행복한 모습 되게 하소서
그리고 부처님의 가르침을 따르는
믿음 충만한 삶으로 인도하소서.
오늘도 부처님 품 안에서
희망의 집을 짓는 하루가 되게 하소서.

마하반야바라밀

하루를 준비하는 아침기도 3

어둠이 서서히 걷히는 새벽
여명의 밝은 빛을 기다리며
자비하신 부처님께 두 손 모으며 기도드립니다.
오늘 하루도 부처님의 가르침을 마음자리 새기며
이 아침 부처님께서 우리에게 주신
자비하신 사랑과 가르침의 뜻을
참회의 마음으로 헤아려 봅니다.
이 세상에 태어나 부처님을 만나
세상에 다시 없을 참된 복을 얻었습니다.
항상 하심의 지혜를 주시어
부질없는 욕심을 깨달고 살아가게 인도하여 주십니다.
그러나 아직도 세상을 살아가는데
너무나 많은 어두움과 폭력과 빈곤함과
서로를 불신하며 살아가는 모습이 있습니다.
스스로 자신의 불신과 어둠과 폭력을 먼저 깨달아
모든 것은 나로부터 생겨남을 알게 하시고
그러한 사람들에게 아무리 소리친다 하여도
그들이 하루아침에 달라지지는 않는다는 것을 깨닫게 하소서.
오직 바라옵기는 제 자신이 먼저
그들에게 참다운 이웃이 되어
부처님의 가르침의 향기를 전하게 하옵소서.
세상이 언제 바뀌려나 한탄하지 말고,

부처님의 가르침을 배우고 뜻에 따라 실천하여 가는
오늘 나의 한 걸음, 말 한 마디, 참된 마음의 실마리 하나가
더불어 함께하는 모든 이웃들에게 바른 모습이 될 수 있고,
자비하신 가르침에 지혜와 사랑이 될 수 있도록
부처님, 저에게 금강석보다 더 강한
믿음의 모습을 이 아침 이 기도 가운데 심어주옵소서.
오늘도 걸어가는 걸음걸음마다 희망이 늘어나고,
그렇게 퍼져 나가는 희망의 빛과 향기가 늘어서
부처님 제자됨의 행복함을
모든 이웃의 곁에서 함께 나눌 수 있도록
부처님 저의 발걸음과 마음자리를 살펴 주옵소서.
부처님께서 저를 인도하시는 가르침이 있기에
오늘도 저는 힘을 얻고 세상으로 나아갑니다.
부처님의 명호와 가르침을 마음자리에 가득 담으며
이 아침 참회의 마음으로 기도드립니다.

마하반야바라밀

하루를 준비하며 1

거룩하신 부처님!
하루를 시작하며 두 손 모아 기도드립니다.
오늘 하루도 가르침 안에서 늘 머물게 하여 주옵소서.
제가 부처님의 가르침을 실천하며
잊어버리지 않기 위하여 기도 정진에 마음으로 살아가오니
초심의 마음을 잊지 않게 인도하소서.
거룩하신 부처님!
모든 자리에 함께하여 주옵소서.
삶의 자리에서 너무 약해 자주 넘어지는 자이오니
저와 함께하시어 금강석 같은 힘을 주시고
좌절하지 않는 용기를 지혜로운 마음을 열어가게 하소서.
부처님 항상 저와 함께하여 주옵소서.
무기력한 자가 되지 않게 저의 손을 잡아 주소서.
부처님 항상 저와 함께하여 주옵소서.
저의 삶에 밝은 빛이 되어서
어둠의 사악한 고통에 빠지지 않게 하여 주옵소서.
부처님 항상 저와 함께하여 주옵소서.
그리하여 부처님의 가르침의 뜻을
바르게 실천하는 삶을 살아가게 하여 주옵소서.
부처님 항상 저와 함께하여 주옵소서.
늘 부처님의 가르침에 소리를 듣고
따르도록 인도해 주시옵소서.

부처님 항상 저와 함께하여 주옵소서.
항상 바른 부처님 제자로 깨달음을 향한
수행에 충실한 자 되게 하여 주옵소서.
부처님 항상 저와 함께하여 주옵소서.
부처님의 거룩하신 자비에 실천자 되어
더욱더 많이 사랑을 베풀고
실천하는 자의 삶이 되게 하여 주옵소서.
부처님 항상 저와 함께하여 주옵소서.
항상 부처님에게 위로 받을 곳이 되게 하시고
처처 도량이 행복의 보금자리가 되게 하여 주옵소서.
부처님 항상 저와 함께하여 주옵소서.
세월을 탓하며 살아가는 어리석음 보이지 않게 하시며
죽음의 자리를 벗어나 해탈과 열반의 세계를 열게 하시고
수행과 정진으로 도중에 낙오자가 되지 않게 하시며
깨달음에 마음을 성취하여 늘 용기를 잃지 않게 하시여
어둠에 유혹과 무미건조한 삶에서 벗어나
마음자리 주인공과 육신이 저 많은 고통과 번민에서 벗어나는
대자유인의 삶이 되게 인도하여 주옵소서.
부처님 항상 저와 함께하여 주옵소서.
이 삶의 어두운 밤에서 어둠 속에 빛이 되게 하시며
제가 늘 꿋꿋하고 진실하게 살아가도록 하여 주시며
마침내 제 마음 속에

깨달음에 기쁨과 평화가 깃들이게 하여 주옵소서.
부처님 항상 저와 함께 하여 주옵소서.
이 세상에서도 오로지 부처님의 가르침만을 따르듯
자비하신 사랑의 마음을 실천하여
다가오는 다음 생에서도 영원히 그리고 온전히
부처님만을 따르는 불제자가 될 수 있도록
가르침으로 인도하여 주시옵소서.

마하반야바라밀

하루를 준비하며 2

부처님 이 아침 두 손 모으며 기도드리오니
나에게 지혜로운 길을 가르쳐 주시고,
오늘 하루도 바른길로 나를 이끌어 주소서.
세상을 향하여 앞으로 나아갈 때
걸음이 막히지 않게 하시고,
모든 일에 자신감을 갖고 가게 하시며
그 어떤 역경에도 넘어지지 않게 잡아 주옵소서.
어리석고 악한 사람의 길에 들어서지 말게 하시고,
가르침을 항상 마음에 새겨서
악한 사람의 길로 다니지 않게 하소서.
초심의 마음을 잃지 않는 가운데
악한 자의 길은 피하게 하시고,
하심의 마음을 지켜 건너가지도 않게 하옵소서.
부처님께서 내 마음을 가르침으로 넓혀 주셔서,
발길을 돌려 지나쳐 버리게 하소서.
부처님의 자비하신 사랑에 은혜로 가르침을 따르며
오직 부처님께 소망을 두고,
선한 마음으로 모든 일을 다 마치며
바른 불자에 믿음을 지키며
살아가게 인도하소서.
오직 부처님의 가르침을 삶의 중심으로 삼아
부처님이 주시는

지혜로운 새 힘을 받아 살아가게 하소서.
참회하는 마음으로 항상 새 힘을 얻으며
독수리가 날개를 치며 높은 하늘을 향해
비상하듯 올라가게 하시고,
뛰어도 지치지 않으며,
걸어도 피곤하지 않게 이끌어 주옵소서.
항상 불자로서 믿음의 방향을 바로 정하게 하시고,
바른 믿음을 지켜가는 길을 걸어가게 하옵소서.
가르침의 진리를 바르게 따르는
길을 걸어가게 하소서.
부처님의 뜻을 선한 마음으로
지켜가는 길을 가게 하소서.
스스로 모든 업을 참회할 줄 아는 자 되게 하시고,
항상 부처님의 자비하신 사랑에 힘을 의지하게 하소서.

마하반야바라밀

하루를 준비하며 드리는 기도

거룩하신 부처님,
부처님의 말씀은 삶의 참 진리이며
부처님의 가르침은 생명이며 사랑이옵니다.
부처님께서 자비로운 사랑의 마음으로 대해 주시는 염려가
저의 삶에 양식이 되고 보호막이 되며
제가 태어난 순간부터 오늘에 이르기까지
나의 마음과 정신을 건강하게 하셨습니다.
오늘 하루를 시작하는 아침
지극한 마음과 정성을 다하여
부처님께 감사의 기도를 올립니다.
오늘 하루 가운데 어려운 문제에 부닥칠 때
부처님의 가르침과 인도하심의 뜻이
무엇인지 알게 하옵소서.
저를 절망으로부터 지켜 주시며,
부처님의 가르침으로
참회하는 자리로 저를 인도해 주소서.
저로 하여금 부처님의 참마음을 본받게 하시며
참된 불자의 자세를 가지고
저의 문제를 지혜롭게 해결할 수 있도록 인도하여 주옵소서.
부처님, 저로 하여금

저의 이기적인 생각들을 버리게 하시고
초심의 마음으로 모든 문제를 제거할 줄 아는
지혜로운 마음을 열게 하시고
바른 초심으로 부처님의 가르침을 믿을 수 있게 도와주소서.
부처님의 자비하신 사랑은 광대무변의 진리로 부족함이 없으며
부처님의 가르침은 깨달음에 진리임을 믿을 수 있기 때문입니다.
제가 내릴 이 결심이 제 생애에 주신
부처님의 참 가르침의 뜻 안에서 이루어짐을 알게 하옵소서.
거룩하신 부처님, 저에게 가르침 은혜를 베푸시어
참된 마음에 법향을 알아 그 마음을 지켜가게 하시며
부처님의 그 거룩한 가르침의 참뜻을
항상 찾게 하여 주시기 원하옵니다.
거룩하신 부처님의 가르침을 마음자리로 인도하며 기도드립니다.

마하반야바라밀

이세송 시(詩) 오온(五蘊)주의 서정시학 구현

— 제1시집 『마음의 기다림』 평설

이 수 화

(국제펜클럽 · 한국문인협회 원임부이사장, 한국문학비평가협회 명예회장)

이세송 시(이세송 시인의 시)는 우리 인간 존재를 몸과 마음의 결합체로 본다. 각각의 우리 인간 개개인인 존재자(자아)는 저 개인의 존재자를 구성하는 몸[身体]과 그 속을 채우고 있는 마음[心]으로 구성돼 있다.

홍길동이라는 이 존재자의 몸[身体]과 마음[心]을 붓디즘(Buddhism, 佛教)은 다음과 같이 세분하고 있는데에 이세송 시인은 태고종 법성사 주지여서 우리 인간 존재자의 그 몸과 마음이 혼융돼 있는 갈등과 융화의 팔만여(八萬余) 법문을 그의 서정 시학의 시적 구현 대상으로 삼고 있다 하겠다.

우리 인간 존재는 몸과 마음으로 구성돼 있다고 거듭 말하는 바, 몸이란 색(色, Rupa)이라 불교에서 말하고, 마음은 심리적인 것을 말하는 것으로 명(名, Nama)이라고 한다. 이 색(色)과 명(名)을 좀 더 구체적으로 말해 명(名), 색(色)으로 구성돼 있는 것이 인간 존재인 명색(名色)인데, "네가 명색(名色)이 아무개이거늘 인간으로서 할 도리를…."이란 비판적인 말이나, "명색(名色)이 사나이란 자가…." 할 때의 명색(名色)은 '인간(요소)' 을 말하는 것임이 분명하다. 구체적으로 이 명색(名色)을 도표화하면,

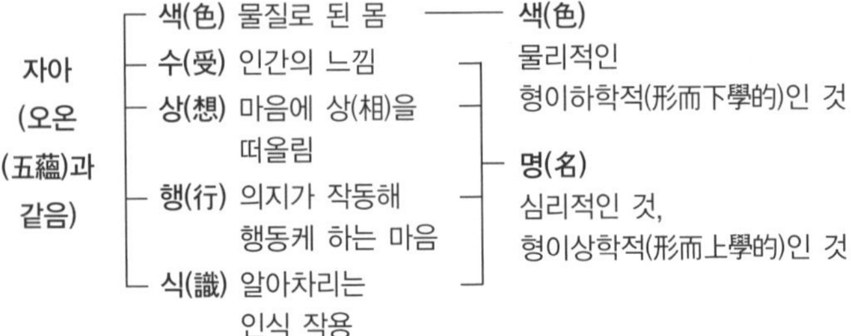

이와 같이 세분화되어 우리는 흔히 자아(나의 몸과 마음)를 몸과 마음의 결합체로 본다. 붓디즘으로 말하면 우리 인간을 색수상행식(色受想行識) 다섯 가지 무더기인 오온(五蘊)의 화합물로 간주하고 있는 것이다. 사람은 오온(五蘊) 화합물(化合物)로서 살아간다. 이세송 시인은 자아(自我)라고 부르는 우리 인간의 이 오온(五蘊)주의 붓디즘 주지스님답게 인간의 온갖 번뇌와 인과와 자유와 구속 속에 던져진(하이데거의 존재론) 자아의 색수상행식 오온(五蘊)주의 구현상을 시적 정조(情操, 고급한 정서)로 파악, 그 시적(詩的) 미학 참조에 심혈을 기울이고 있는 구현물이 바로 이 시집 『마음의 기다림』이다. 메타텍스트 「마음의 기다림」부터 본다.

우리 모두 아름답게 살아요
서로를 조금만이라도 배려해 주는 마음
서로 닫힘이 없는 열려 있는 마음으로 살아요
행복은 멀리 있는 것 아니랍니다
항상 나와 함께하지만
닫혀진 마음 때문에 항상 슬퍼한답니다
우리 행복을 슬프게 만들지 말아요
행복이 항상 미소 짓는 모습으로
우리를 맞이하여 아름다움 가득 담으며 살아요
미소를 잊지 말아요
나의 모습에 항상 미소가 담긴
그런 사람으로 살아요
누구를 거짓되게 만들어 본들
결국은 우리가 아파하고
우리가 슬퍼하지 않던가요
그만큼 경험하고
그만큼 살았으면
이제 어느 정도 알 때가 되지 않았나요
왜 아직도 그 철없는 마음으로 살아가는가요
철없다는 말 하지 말고
나서부터 한번 깊이 생각해 봐요
그리고
우리 사랑에 마음 깊이 새기고
이 세상 아름답게 만들며
행복하게 살아요
당신의 깊은 마음에 사랑을
오늘도 이렇게
간절한 마음으로 기다려 본답니다

—「마음의 기다림」 전문

예시(例詩)에는 이세송 시인이 행복 추구의 마음을 지속적으로 가져야 함을 간절하게 청유하는 시상으로 전개되고 있다. 그것은 아름다운 미소를 잃지 않고 배려와 소통의 열린 마음가짐이 긴요함을 역설하는 시인의 신념인 것이다. 이와 같은 시인의 아름다운 행복(유다이모니아) 추구는 인간이 누구나 지닌 '마음의 기다림' 으로 실현 가능함을 제시한다. 시인의 이러한 유다이모니아 추구에 대한 신념은 마음의 기다림 즉 고대지심(苦待之心)이라는 아픔을 견디는 시정신(詩精神)의 인내가 요구됨을 강조한다. 이 고대지심은 오온(五蘊) 주의자 이세송 시인의 시정신에서 비롯된다. 그는 인간 심리의 조건이기도 한 오온으로 이루어진 인간이 그 색수상행식(色受想行識)의 인간 형성 조건을 충족시키는 방법을 알고 있다는 반증이다. 인간의 행복은 돈과 권력만으로는 획득될 수 없다는 뜻이다. 종교만으로도 어렵다.

1520년 마르틴 루터가 가톨릭교회에서 파문당하고 교황의 교서를 불태운 지 2년 만에 라틴어로만 돼 있던 성서를 독일어로 번역했다. 그로부터 4년 후 성서는 영어로 번역되었으며 이제 마르틴 루터(Martin Luther, 1483~1547)가 종교 개혁을 이룬 지 500년이 되었다. 루터는 사람이 만든 종교가 사람을 잡아먹는다 말하며 종교개혁을 일으켰다. 종교의 개혁(도그마, 교리 개혁)은 그 도그마를 깨는 진리에의 접근이었다. 종교의 권력, 종교의 제도는 사람을 위해서 만들어졌는데 나중에는 사람이 그 제도의 종살이를 하게 되자 루터는 종교개혁(1517년)을 야기했던 것이다. 지금 종교는 종종 화

석화된 도그마(教理)나 교회가 말도 안 되는 구실로 성베드로 성당의 건축비 충당을 위해 마구 남발했던 면발부(면죄부 같은 류(類)) 같은 착취 권력이 상존한다. 하나님을 신뢰하는 단순하고 소박한 신뢰(신앙) 회복이 긴요한 까닭이다. 그 회복을 위한 이세송의 시정신, 마음의 고통을 이겨내는 기다림(苦待之心)이 긴요한 시인의 기다림은 이제 그 기다림을 위한 기도의 노래를 여기 한 권의 시집으로 상재하기에 이른 것이다.

화가 난다 그냥 웃으면 되는 건데
생각하지 말고 잠시 버리면 되는 건데
시간의 폭풍이 너무 심하고
삶의 바다에 파도가 너무 거세다
마음이라는 돛단배가 중심을 잃으려 한다
그냥 기다려야 하는 걸까
거센 바람과
드높은 파도
바람과 바다가 나의 마음 돛단배가 싫은가 보다
이쁜 모습도 아니고
올바른 소통도 없고
저 거센 삶과 시간이 고요하게 흐르게 하자
그래 마음 이와 소통하는 길을 열면 잠잠해지지 않을까
그래 난 늘 소통하고 있어
소통의 돛을 높이 올리자
그리고 마음아 고맙다
이제 저 소통의 돛을 높이 세워
시간의 바람과

삶의 바다가
서로 잘 소통하게 길을 열어가자
그리고 행복의 밝은 태양이 밝게 빛나
희망의 파란 하늘이 넓게 펼쳐지게 하자

—「희망의 하늘」 전문

이 시는 이세송 시인이 우리 인간의 마음이 색수상행식(色受想行識) 오온체(五蘊体)의 한 덩어리임을 깊이 인식하고 그 각각의 정조(情操, 고급한 정서)가 작용하는 마음의 갈래를 돛단배(마음)로 비유해 노래하고 있다. 흔히 우리 인생을 고해(苦海)를 저어가는 한 척의 돛단배로 비유해 말하는 바에 다름 아니다. 예시는 그 첫 라인을 이렇게 시작한다. “화가 난다 그냥 웃으면 되는 건데/ 생각하지 않고 버리면 되는 건데”라고. 이러한 까닭은 우리가 생각하는 오온체(五蘊体)이기 때문이다. 이 오온체는 돛단배처럼 성난 바다를 만나 고통을 겪기도 하는데, 이를 헤쳐 나가는 열쇠가 바로 소통이다. 몸과 마음, 색이란 몸, 즉 배와 그 색의 4가지 수상행식이라는 마음의 작용(느끼고, 삶과 죽음도 떠올리고, 그래서 더욱 위기를 느끼는 이 색수상행식)으로 우리 심신(돛단배)은 만신창이가 되었다가도 소통(돛단배의 순풍(順風))을 만나 소통의 돛을 높이 올리는 것이다.(15행)

우리(오온적 존재)가 살고 있는 이 현상 세계는 아무것도 자립적이고 고립적인 실체(돛단배)로서 영속하는 존재가 아니다. 돛단배는 자기 아닌 것들(파도, 바다,

하늘, 바람), 타자와의 관계 속에서 자기 자신으로 피어나는 상대적인 존재자이다. 대지의 물과 흙, 별의 공기, 우주의 햇빛으로 피어나는 한 송이 꽃이 그렇고, 그 꽃을 사랑하는 아름다운 소녀가 그렇다. 당장 무너질 것 같지 않은 고체로 여겨지는 것들도 실상은 경계막에 뚫려 있는 무수한 구멍 사이로 그 안팎이 서로 교통하는 소통체일 뿐이다. 그래서 시인은 예시 「희망의 하늘」에서 오온체로서 우리가 한 척의 돛단배로서 마침내 희망의 하늘을 만날 수 있는 상호의존성(Interdependency)의 시정신을 노래하고 있다 하겠다. 아름다운 리리시즘 시가 미학화되고 있는 것이다. 행두 넘버는 평설용이다.

① 가라…
이제 너의 자리로 가라
그 거짓됨 망령을 버리고
이제 아무 미련 두지 말고 떠나라
너는 누구인가
어떤 존재인가…
그대 살았다고 말하는
그대 자신은 과연 누구인가
그대는 어디로부터 이곳에 왔으며
어떤 이유에서
이 땅에 존재하고 있는가
그대가 생각하는 삶은 거짓인가 진실인가
거짓도 진실도
그 모두가 그대의 것인가
그렇다면

그대는 빈껍데기뿐
지금에 빈껍데기를 미련 없이 벗어버려라
알몸 아닌 알몸으로
저 존재의 가치 아닌 흔적 아래
그 빈껍데기 알몸을 던져버려라
감춰진 그대의 산송장
그 감춰짐을 벗어 버리고
그대의 본모습으로
참 나의 주인공의 자리
그 존재 위에 우뚝 서라
그대들 말하는 존재 아닌 존재
그 논리 없는 논리에
주인공이 되라
그리고
그대의 알몸에 묻혀진
삶의 어리석음
퇴적의 흔적들을 씻어버려라
그리고 그대의 존재의
진실된 가치를 알아가라
저 어둠을 가르며
여명을 던지는 저 강한 빛으로
그대의 존재 알몸
그 투명함을…

—「알몸」 전문

② 사람들은 말한다

인생이란 어떤 인연이 함께 있다 하여도
결국은 홀로 왔다 홀로 간다고
그러기에 늘 삶의 자리를 잘 다듬고
다듬은 자리를 항상 돌보며
삶에 위안이 될 좋은 반려자와
삶을 다듬어 갈 수행의 도반이 있어야 한다고
살아가면서 많은 부분의 부족함을
서로 어루만져주고
가끔은 경책도 하여 주며
부족한 부분을 일깨워가는
나보다 더 나를 아껴 줄 수 있는
그러한 사람
오늘은 나를 돌아보며
나의 자리에는
과연 그러한 도반이 함께하고 있을까
나에게 묻고 또 물어 본다
평생을 한결같이 서로의 마음을 돌보아 주고
서로가 서로를 진실되이 돌아봐 주며
잠시 다녀가는 세상
영원한 나의 자리를 만들어 가기 위하여
사람의 몸을 받고 사람으로 살아가며
금생에 올바른 마음자리 깨달아
그 마음 그렇게 살다가 무상을 못 이겨
생을 마치더라도
세상 소풍 즐거웠다 말할 수 있기를
그와 함께 보낸 생애가 아깝지 않는
그런 사람을 만나
세상을 걸어가는 것이

인간으로서 가장 행복하고
복된 삶이 아닐까
오늘은 깨어난 영혼이
깨달음의 자리를 찾을 수 있기를
먼저 마음에게
무상을 전하여 본다

—「무상」 전문

③ 아름답다는 것
생각만 해도
입가에 살포시 미소가 머물고
마음이 따스해 오는 것을
느낄 수 있다
아름답다는 것
생각만 해도
어느새 행복의 물결이
출렁거리고
즐거움이 있으며
은은한 향기가 가득하다
아름답다는 것
생각만 해도
사랑의 마음이 담겨지고
기쁨이 넘쳐난다
아름답다는 것
그곳에는 평화가 있고
삶의 가치가 자리하고 있다
아름답다는 것

그것은 우리의 가장 소중한 보물이며
우리가 꼭 지켜가야 할 자리다

—「아름답다는 것」 전문

예시군(例詩群) ①, ②, ③을 나란히 병치 인용한 것은, 이들 시가 이세송 시의 붓디즘에 의거한 오온(五蘊)주의 고대지심(苦待之心, 기다리는 아픈 마음)에 근거하고 있는 시정신의 일관성 시심 구현 때문이다. ①의 경우, 발가벗은 우리 인간 존재의 오온(五蘊), 색수상행식(色受想行識) 중에 색(色) 즉 몸뚱이에 해당하는 물질로 된 구조물이다. 이것은 독자적으로는 동물로 전락하지만 다른 우리 존재 구조물인 형이상학적인 요인인 수상행식(受想行識, 우리 몸의 형이상학 요소인 느낌, 생각을 떠올림. 판단하고 실천함)과 상호의존(Interdependency)하여 인간을 인간답게 생각하는 동물로 존재케 한다. 그러나 이 때문에 인간 욕망과 아상(我相)에 추락하는 비인간화(非人間化)의 길을 걸어 불행을 맛보게 되므로 이세송 시인은 이를 예방키 위해 예시와 같은 역설의 시심을 구현하는 역설의 미학을 표상화하고 있다 하겠다.

②의 경우, 비단 신앙인이 아니어도 삶(人生)의 무상을 의식하지 못하는 사람은 드물 것이다. 시인은 주지스님으로 세상 대중 누구보다도 생의 무상을 잘 인식하고 있는 시인이므로 예시와 같은 삶을 다듬어 갈 수 있는 경책과 복음을 노래할 수 있다고 본다. 특히 이세송 시인은 예시에서 '무상'(자아도 없고, 자아의 영원함도 없다)을 깨달아야 할 철리로 경책하고 있으니 우리가

배워야 할 주지스님의 시이다. 우리 오온체 존재자가 연기적 존재(Interdependency)라는 사실을 우리는 사실(Fact)로써 인식해야 한다는 경책이다. 법문이 사실(Fact)로 우리의 삶 앞에 현현(顯現, Manifestation)하는 시야말로 예술력을 발현하는 가치가 있는 바, 이세송 시야말로 그런 예술로써의 가치 지향적 창조물임을 구현하고 있다 하겠다. 그러한 이세송 시인의 예술관이, 시정신이 아름답게 수놓인 시가 ③이다. 이 시는 시 그 자체의 미학적 송가이며 인간 삶(오온적 존재)이 저지르는 온갖 고(苦)의 통한을 씻은 듯이 삼제케 해주는 법문조차 합장해줄 인간 존재의 고(苦), 그 고진감래인 것이다. 그래서 시인은 이 시집 메타 텍스트를 기다림의 아픔(苦待之心)「마음의 기다림」으로 적시하고 있다 하겠다. 이제 시인의 인간고(人間苦) 중에서도 인내하여 기다릴 줄 모르는 '마음의 기다림'이 결여된 슬픔을 이겨내는 지혜로운 시심을 만나는 것으로써 척박하게나마 평설글의 피리어드를 놓을까 한다.

기다림은 만남을 얘기하고
만남은 나에게 추억이라는
아름다운 향기를 선물합니다
작은 꽃망울이 아름다운 기다림 속에
고운 미소 보이며 날개를 펼칠 때
아름다운 향기 속에
행복한 마음 조용히 담겨 옵니다

—「기다림 3」 일부

이세송 시인은 결국 오온(五蘊)의 한 덩어리일 뿐인 인간 존재의 현상적 존재 이유는 행복(유다이모니아)을 이룸에 있음을 갈파하고 있다. 그리고 행복은 기다리는 것인데 거기에는 인내하고 괴로움을 극복하는 고(苦)가 따른다고 오온(五蘊)의 극기를 설파하고 있다 하겠다. 백수의 남편이 그것을 벗어나는, 벗어나 온 가족이 행복(유다이모니아)을 쟁취하는 길에는 유다이모니아 아레떼(행복하게 되는 칼처럼 예리함)가 필수불가결함을 노래하고 있는 것이다. 시는 종교적 법문을, 시로 노래해 주는 유다이모니아 아레떼(칼의 도리)로서 노래할 때 우리의 오온(五蘊)은 그 하나하나의 요소가 살아 생동할 수 있다. 그것을 우리는 이세송 시집 『마음의 기다림』에서 꽃다발처럼 향기로운 시문(詩文)으로 쓰여진 많은 절절한 기도문에 감동하고, 그 법문에 가까운 아레떼적(的) 레토릭(修辭學)으로 늘 곁에 가까이 송독하는 행운을 갖게 되었음을 부처님께서 나투어 뵈이심에 합장해 감사, 송축해 올리면서 거칠게나마 여기 이세송 시인께서 건필 건승 여일하시기만을 축원해 마지않는다.

문학세계대표작가선 811

마음의 기다림

이세송 시집

인쇄 1판 1쇄 2017년 4월 19일
발행 1판 1쇄 2017년 4월 26일

지 은 이 : 이세송
펴 낸 이 : 김천우
펴 낸 곳 : 도서출판 천우
등 록 : 1992. 2. 15. 제1-1307호
주 소 : 서울시 성동구 무학봉28길 6 금용빌딩 2F
전 화 : 02)2298-7661
팩 스 : 02)2298-7665
http://www.moonhaknet.com
E-mail : chunwo@hanmail.net

값 15,000원

ISBN 978-89-7954-672-9

이 도서의 국립중앙도서관 출판예정도서목록(CIP)은 서지정보유통지원시스템 홈페이지(http://seoji.nl.go.kr)와 국가자료공동목록시스템(http://www.nl.go.kr/kolisnet)에서 이용하실 수 있습니다. (CIP제어번호: CIP2017009740)